现代财务管理与风险管控探究

向　宇　梁新慧　孙常胜 ◎ 著

中国出版集团　　现代出版社

图书在版编目（CIP）数据

现代财务管理与风险管控探究 / 向宇 , 梁新慧 , 孙
常胜著 . -- 北京 : 现代出版社 , 2023.9
ISBN 978-7-5231-0527-6

Ⅰ . ①现… Ⅱ . ①向… ②梁… ③孙… Ⅲ . ①财务管
理—风险管理—研究 Ⅳ . ① F275

中国国家版本馆 CIP 数据核字 (2023) 第 167155 号

现代财务管理与风险管控探究

作　　者	向　宇　梁新慧　孙常胜
责任编辑	刘　刚
出版发行	现代出版社
地　　址	北京市朝阳区安外安华里 504 号
邮　　编	100011
电　　话	010-64267325　64245264（传真）
网　　址	www.1980xd.com
电子邮箱	xiandai@cnpitc.com.cn
印　　刷	北京四海锦诚印刷技术有限公司
版　　次	2023 年 9 月第 1 版　2023 年 9 月第 1 次印刷
开　　本	185mm×260mm　1 /16
印　　张	11.25
字　　数	254 千字
书　　号	ISBN 978-7-5231-0527-6
定　　价	68.00 元

前　言

　　随着我国逐渐强化市场调控的主导性，市场变动对企业经营发展的影响力不断上升，为了保障经营的稳定性，提高对企业风险的管理是企业必然的选择，而财务风险管理作为企业风险管理中的重要组成部分也是企业关注的重点。

　　当前，我国经济发展速度较快，企业之间的竞争逐渐呈现出白热化趋势，这也导致企业内部改革以及发展策略需要不断调整，以促使企业整体向着更加健康和科学的方向发展。从总体上来看，企业属于我国经济发展的重要组成部分，只有不断进行磨炼和革新，才能够不断优化经济体制，进而推动国民经济健康可持续发展。企业内部实施改革工作，应该重视其中的财务体制优化工作，完善财务风险的把控，同时随时代发展构建起适合企业自身发展的财务管理体系。当前企业中的财务风险主要由其内部的财务工作所引起，包含资本风险、支付风险、资产风险、财务决策风险、投资风险等多个方面，只有针对其进行全方位的评估，并有效预防财务风险，才可推动企业经济效益得到高速且平稳的增长，同时强化企业财务抗风险能力，以实现企业管理工作的先进性和科学性，进而使其中的管理模式得到有效完善，并推动企业整体发展。

　　本书从财务管理的基本理论入手，分析了财务管理的特点、目标和其在企业管理中的地位与作用。通过研究企业筹资管理，重点阐述了企业筹资概述、权益资金筹集与负债资金筹集，并对企业投资管理以及企业营运资金与利润分配管理进行了梳理与研究，并提出了大数据时代下企业财务管理变革，分析大数据时代对企业财务管理的影响，以及企业进行财务管理变革与创新的迫切性。最后对企业财务风险及其相关部分的管控进行研究与总结。

　　在本书撰写的过程中，借鉴了许多参考资料以及其他学者的相关研究成果，在此表示由衷的感谢！鉴于时间较为仓促，加之笔者水平有限，书中难免出现一些谬误之处，因此恳请广大读者、专家学者能不吝指正，以便后续对本书做进一步的修改与完善。

目　录

第一章　财务管理概论

第一节　财务管理的特点

一、企业财务管理的特点

（一）企业财务管理手段的智能化

随着计算机辅助管理软件在财务管理工作中的广泛应用，企业财务管理的信息化和数字化程度不断提升，企业管理手段日趋程序化，管理效率大幅提升。在财务管理中，为了排除人为因素的干扰，最大限度地削减随意性和盲目性的管理，企业引入管理信息系统（MIS），可以使企业财务管理日趋缜密和简化。此外，网络技术的运用使得公司财务管理人员可以足不出户进行远程财务管理。

（二）企业财务管理目标多元化

企业财务管理目标是与经济发展紧密相连的，并随经济形态的转化和社会的进步而不断深化。企业的生存与发展必须依赖员工富有创新性的劳动。为此，企业必须把"员工利益最大化"纳入其财务管理目标之中。还有与企业关系密切的集团，如债权人、客户、供应商、战略伙伴、潜在的投资者、社会公众等，满足这些集团的利益需要，也是企业财务管理目标的组成部分。同时，专利权、专有技术、商标、商誉、信息等以知识为基础的无形资产在企业中所发挥的作用越来越大，由此扩展了资本范围，改变了资本结构。而不同的资本所有者对企业均有经济利益方面的要求，这决定了企业经济利益不仅归属于股东，还属于相关利益主体。企业利益相关主体的多样性和财务管理活动的层次性，决定了财务管理目标的多元化结构和层次性结构，这就要求财务管理目标不可能简单等同于以个人利益为主体的个人目标，而是所有参与者利益博弈的结果，即它是所有参与者共同作用和相互妥协的结果，是一个多元化、多层次的目标体系。

（三）企业财务管理战略以生存为先导

企业未来财务活动的发展方向、目标以及实现目标的基本途径和策略是企业财务管理战略关注的焦点。企业财务管理战略的总体目标是合理调集、配置和利用资源，谋求企业资金的均衡、有效的流动，构建企业核心竞争力，最终实现企业价值最大化。实施企业财务管理战略的价值就在于它能够使企业保持健康的财务状况，有效控制企业的财务风险。在市场经济条件下，资金和人力资源是企业的核心资源，但企业一旦陷于困境或破产，人力资源就会重返劳动力市场，难以用来偿债，此时只有资金类资源才可以用来偿债。这就说明企业在发展战略上，必须坚持以生存为先导，始终保持企业的可持续快速发展。

（四）企业财务管理强调科学理财

企业财务管理的地位和作用，受全球经济一体化进程的加快、跨国公司国际投资引起的国际资本流动以及我国货币融资政策的调控的影响而日益突出。企业财务管理必须不断吸收先进的财务管理经验和成果，大力增强现代理财意识，以积极的态度掌握和运用理财的创新工具，努力掌握现代理财技巧，助推企业健康、稳步地实现快速发展，最大限度地有效化解企业的生存风险。一般来说，企业的生存风险主要包括经营风险和金融风险。经营风险主要存在于产品的更新换代，以及新产品的开发与研制方面；金融风险主要表现在企业的发展越来越离不开金融市场。这是因为金融市场的配置效率越来越高（经济全球化的驱使、信息技术的快速发展、各种金融工具的不断创新、交易费用的相对降低），资金的流动性更强，企业可以充分运用金融工具，合理化解金融风险；将闲置资金在金融市场进行科学投资，提高资金使用效率。这样，企业的生存发展与金融市场息息相关，企业面临的金融风险也将更大。在动态的金融环境中，如利率、汇率经常性的变动等，不利于企业的变动很可能使企业陷入困境，乃至破产。在动态的金融市场中，如果投资组合决策出现失误，可能使企业陷入财务危机。因此，企业财务管理必须大力提高理财技能，以保证最大限度地降低财务风险。

（五）企业财务管理对象交叉化

随着我国市场经济的快速发展，社会分工进一步细化，团队协作日显重要。为了更好地适应社会和经济的发展，行业之间、企业之间、企业内部各部门之间，财务管理边界出现了"渗透"。财务管理需要以企业整体为单位，即纵向职能部门的财务小团体的组合，横向职能部门的财务组合，还有其他各部门的密切协作；客户、供应商以及其他与企业保持利益关系者都应该被纳入财务管理对象之列。这样，跟以往相比，企业财务管理对象就呈现出交叉化的特点，交叉化管理不但能充分挖掘本企业财务潜能，同时也能充分利用相关单位财务管理方面的积极因素。

（六）企业财务管理的专业性

我们说成本、利润、资金占用是反映企业经营管理水平的综合指标。而财务状况的好坏和财务的管理水平，也制约着企业各个环节、各个部门的工作。财务管理的综合性决定了要做好这项工作，必须解决好两个方面的问题。

一方面，直接从事财务工作的部门和人员，要主动与其他部门密切结合，为实现企业的经济目标和提高经济效益献计献策。财务部门的人员要走出去，把自己的工作渗透到企业管理的各个方面，为其他部门出主意、想办法，开源节流。财务部门应把这项渗透性的工作看作分内的事。人，如果关在屋子里算"死账"，单纯在财务收支上打算盘，甚至以财权去"卡"别人，那么最终将影响整个企业的经济效益和各项财务指标的完成。为此，财务人员必须具备较高的素质，他们除了应当通晓财务管理学（这是一门以政治经济学为基础，以数学为支柱，涉及多门学科的专业性经济管理科学）、会计学的专业知识外，还应懂得本企业的生产、技术知识，对企业的其他专业性管理也应懂得一些。若知识面狭窄，就不能成为一名出色的财务管理人员。

另一方面，企业的各个部门和广大职工，要积极支持、配合财务部门的工作。一个企业要管好财，绝不是财务部门和少数财务人员所能办到的，必须依靠企业上下左右的通力合作。单纯靠财务部门理财，必然孤掌难鸣。人人当家理财，企业才能财源茂盛。其中，最重要的是企业领导者必须重视、尊重、支持财务部门的工作，充分发挥财务人员的作用。同时，企业领导者自己也要懂得必要的财务管理知识，起码要做到会看财务报表、分析财务报表，并从中发现企业管理上存在的问题。作为一个企业领导者，若不懂得财务管理，那么他的知识结构是不完备的，严格地说，这样的领导者是不称职的。当家不会理财，这个家是当不好的。

总之，财务管理是企业赖以生存发展的血脉，是企业管理的重要构成部分之一。可以说，成功的企业必定拥有成功的财务管理。准确把握特点，赢得财务优势，必定赢得竞争优势。

二、现代企业财务管理的内容与应用

所谓财务管理，其实就是对企业的财务活动进行管理。而企业的财务活动包括以下三个过程：资金筹集、资金的投放与使用、资金的收入与分配。由此可见，财务管理的主要内容可以大致分为筹资的管理、投资的管理、股利分配的管理三项。

在企业生产与经营的过程中，经济核算将系统地对这些发生的资金占用、生产中的消耗、生产的成果进行记录、核算、控制、探究，达到以较少的资金占用与消耗获得较好的经济效益。可以说，经济核算是一个企业对生产经营活动管理的基本原则，也是一个企业用来提高经济效益的重要举措。

现代企业财务管理能促使企业经济核算运行得更加顺利。财务管理就是对企业利用价值形式进行生产、经营等活动的管理。而在经济核算中，对现阶段生产中的占用、消耗以及成果进行综合比较时，也需要借助价值形式，所以说两者联系是密切相关的。

经济核算的研究对象是经济效益，其主要是通过财务指标来分析考察企业的经济效益，而这些财务指标包括资金、成本、收入等。经济核算要求对企业生产经营活动中的占用、消耗、成果进行记录与核算，还包括对比和控制工作，为达到企业增加盈利、提高资金使用的目的，需要通过财务管理来实现。财务管理需要利用价值形式来对企业的生产经营活动进行综合性管理，促使企业在生产经营活动中的各个环节都讲求经济效益。

三、企业财务管理的作用

财务管理是企业整个管理工作中的一个重要方面。企业较高的管理水平和较好的经济效益，是同健全的财务管理工作分不开的。很难设想，一个企业资金管理混乱、挥霍浪费，而生产经营活动能够顺利进行；也不能设想，一个企业不讲经济核算、不计消耗、铺张浪费，而能够取得好的经济效益。财务管理在企业管理中的作用主要表现在以下几方面。

（一）加强财务管理，有计划地组织资金供应，可使企业生产经营活动提高资金利用率

企业从事经济活动，必须拥有一定数量的资金购置生产资料、支付职工工资和维持日常开支。企业资金的筹集、组织是由财务活动去实现的，这是财务管理的基本职能或一般要求。财务部门根据企业生产经营任务，按照节约使用资金的原则，确定必需的资金数量。通过正确地组织和使用银行贷款以及企业内部形成的资金来源等渠道，使企业的资金需求得到及时供应。通过有计划地调度资金，组织资金收支在数量和时间上的衔接与平衡，保证资金循环、周转的畅通无阻。此外，通过经常分析资金在生产经营各个阶段上的占用情况，找出不合理的占用因素，采取措施加速资金周转。

财务管理的作用还在于严格控制、监督各项资金的使用，降低资金占用。财务部门组织资金供应，并不意味着有求必应，要多少给多少，更不是说谁想怎么花就怎么花，而是按照国家政策、规章制度及企业财务制度办事，严格控制开支范围和开支标准，在保证需

要的前提下力求减少生产过程和流通过程中的资金占用，提高资金的利用效率。

（二）加强财务管理是降低劳动消耗、提高经济效益的极为重要手段

提高经济效益，是要以尽量少的劳动消耗和物化劳动消耗，生产出尽可能多的符合社会需要的产品。提高经济效益是一个大课题，需要多层次、多层面地相互协作才能奏效。就企业而言，要在确定产品方向、确保产品质量的前提下提高经济效益，就要在降低劳动消耗上下功夫。而财务管理的重要任务，正是合理地使用资金和设备、加强经济核算、挖掘一切潜力等，这些无一不是围绕降低消耗这个目标展开的。加强财务管理与提高经济效益之间的密切关系被形象地称为"血缘关系"不是没有道理的。财务管理在提高企业的经济效益方面，至少可以发挥三种重要的作用。

1.反应作用

企业经营好坏、效益高低，是实实在在的东西，不能凭印象判断，而是要经过详细的、科学的计算和分析才能准确地反映出来。对企业在生产经营过程中原材料的消耗、劳动力价值形式进行科学的归纳、计算，是财务和会计的固有职能。没有这种扎扎实实的计算，经济效益的好坏就无从判断。反应经济效益最重要的信息是财务报表，企业在一个时期花费了多少、盈利了多少，通过财务报表可以看得清清楚楚。

2.控制监督作用

财务部门通过制定财务计划和财务制度、确定各项产品和劳务的成本、规定各种费用标准，严格按定额和开支标准办事，就能有效地控制消耗水平。否则，原材料消耗和开支便无章可循，任意挥霍浪费，提高经济效益就成为一句空话。发挥财务的控制和监督作用，还可以使职工的生产经营活动有一个共同遵守的准则，有利于建立良好的生产管理秩序。这是提高经济效益的需要，也是建设现代化企业所必须具备的条件。

3.参谋作用

财务部门通过分析资金运动中出现的问题，可以敏锐地发现、揭示出资金运动背后的经营管理问题，及时向企业领导、有关部门提出建议。同时，财务部门通过经济活动分析，把实际消耗水平与计划水平相比较，就能够找出差距和薄弱环节，为降低消耗、提高经济效益出谋划策。

（三）加强财务管理是提高企业经营决策水平的必要措施

随着我国计划经济体制的改革和企业自主权的扩大，企业的生产由面向仓库转为面向市场，产品主要由市场进行调节。生产什么、生产多少，要适应市场的需要，因此，企业的经营决策对企业至关重要。正确的经营决策能够在满足社会和人民群众需要的同时，给企业带来较多的盈利。与此相适应，财务管理也要冲破传统观念，提出新的研究课题，开

辟新的研究领域。目前，我国有些企业的财务部门，结合实际学习国外经验，在财务管理方面进行了有益的尝试。他们变静态管理为动态管理，利用有利的条件主动参与企业经营各个环节的预测、组织调节和监督检查。由于财务部门的管理职能渗透到经济活动的各个环节，因而掌握着企业中比较完整、系统、总和的信息。

搞好财务管理，对宏观经济也有着重要的意义和作用。主要表现在，加强财务管理是改善国家财政状况、保证财政收入不断增长的重要途径。企业是国家财政收入的主要源泉，我国财政收入90%左右是由各类企业上缴税利形成的，企业财务状况直接影响、决定着国家的财政状况。加强财务管理，对确保国家财政收入有两个作用：第一，如前所述，财务工作做好了，可以有效降低劳动消耗，提高企业的经济效益和盈利水平。在企业与国家的分配比例确定的情况下，企业盈利多了，自己可以多留，国家可以多得。通过发展生产提高经济效益来扩大财源，是增加财政收入的根本出路。国家财富从何而来？要靠广大劳动者在千千万万个企业中去创造。企业的经济效益搞上去了，国家的财源才能充裕。第二，加强财务管理，严格执行国家规定，及时、足额地缴纳税利，可以堵塞财政上的"跑、冒、滴、漏"，从而达到企业财务管理最佳应用效果。

四、现代企业财务管理的原则

（一）成本效益原则

企业财务管理中，关心的不仅是资金的存量、流量，更大程度上是关心资金的增长量。为了满足社会上不断增长的物质、文化生活需要就要做到经济效益的最大化，即用最小化的劳动垫支、劳动消耗，创造出最大化、最优化的劳动成果。从根本上看，劳动占用、劳动消耗这些都属于是资金占用以及成本费用，而劳动成果的表现则是营业收入与利润。实行成本效益原则，提高企业经济效益，使投资者权益最大化。

在筹资活动中，会有资金成本率、息税前资金利润率两者间的对比分析问题；在投资决策中，会有各期投资收益额、投资额两者间的对比分析问题；在日常经营活动中，会有营业成本、营业收入两者间的对比分析问题；还有其他例如设备修理、材料采购、劳务供应、人员培训等问题。这些问题无不存在经济的得失与对比分析。

企业一切费用的发生，都是为了能取得最终的收益，这都与相应的收益比较问题相联系。当对此进行各方面的财务管理与决策，应当按照成本效益的原则来周密分析，因为成本效益原则是各种财务活动中广泛运用的原则。

（二）均衡原则

在财务活动中，收益与风险的高低成正比，高收益的背后往往蕴藏着高风险。

比如，对于流动资产的管理，如果持有较多的现金，往往可以减少企业债务风险，从而提高偿债能力，但银行利息低则意味着库存现金丧失了收益价值。

筹资方面，无论是发行债券还是发行股票，其利率是固定的，利息可在成本费用中列支，这些对企业留用利润的影响很小。如果提高自有资金的利润率，企业就要按期还本付息，承担的风险也会随之加大。

无论是投资者还是受资者，都应当谋求收益与风险相适应。要求的收益越高，风险也就越大。不同的经营者在面对风险问题时，他们的态度是有所不同的，有人为求稳妥不愿冒较大的风险；有人则甘愿去冒风险而谋求巨额利润。无论市场的状况好坏，无论经营者的心理状态是求稳还是求利，都应当作出全面分析和权衡，选择对自己最有利的方案。企业的经营者都是为了提高企业经济效益，把握均衡原则、利用分散风险的方式来获得均衡，将收益高、风险大的项目与收益低、风险小的项目搭配起来，使风险与收益相互均衡，这样既降低了风险，又能获得较高的收益。

五、现代企业财务管理的职能

目前，我国现代企业财务管理的职能主要有以下四种。

1.决策职能：是指财务管理对现代企业财务活动的预测、计划、决策等能力。

2.协调职能：是指财务管理对现代企业资金的供求具有调节能力，并且对企业资金的使用、消耗具有控制能力。

3.反馈职能：指财务管理具有根据反馈信息进行现代企业财务活动的再管理能力。

4.监督职能：指财务管理具有全程保证现代企业财务活动合法性、合理性的能力。

当然，在上述四种职能之间存在着一种相互作用、相互制约的关系，这四种职能在现代企业财务管理系统中共存并发挥着重要作用。

第二节　财务管理的目标

财务管理目标既是财务管理理论结构中的基本要素和行为导向，也是财务管理实践中进行财务决策的出发点和归宿。科学设置财务管理目标，对实现财务管理良性循环和实现企业长远发展具有重大意义。本节对国内外学者在财务管理目标研究方面的成果进行了总结归纳，通过分析财务管理目标的特征及影响企业财务管理目标实现的因素基础上，提出了我国现代企业管理目标最优化的选择。

一、财务管理目标的概述

（一）财务管理目标的概念

财务管理是在一定的整体目标下，关于资产的购置（投资），资本的融通（筹资）和经营中现金流量（营运资金），以及利润分配的管理。财务管理是企业管理的一个组成部分，它是根据财经法规制度、按照财务管理的原则，组织企业财务活动、处理财务关系，让企业实现价值的最大化为目的的一项综合性经济管理工作。

（二）财务管理目标研究的意义与重要性

我国的社会经济环境在不断优化，企业管理的观念和技术也在不断变化，对最优财务管理目标的争议从未停止。财务管理目标对一个企业的发展方向在一定程度上起到了决定性的作用，是企业财务运行的原动力。因此，研究财务目标这一基本问题对于企业的发展有着重大意义。

二、财务管理目标的特征

（一）可计量性和可控制性

财务管理是运用经济价值形式对企业的生产经营活动进行管理，所研究的对象是生产和再生产中运动着的价值。所以，财务管理目标也应该可以用各种计量单位计量，以便于控制和考核指标的完成情况。

（二）层次性和统一性

层次性又称为可分解性，要求财务管理目标具有层次性是为了把财务管理目标按其主要影响因素分散为不同的具体目标。这样，企业就可以结合内部经济责任制度，按照分级分类管理的原则，把实现财务管理目标的责任落实到财务管理活动的不同环节、企业内部的不同部门、不同管理层次或不同责任中心。所谓统一性是指企业的财务管理目标应能够制约企业的发展并与目标有关的重要矛盾高度统一，将企业的财务管理目标框定在企业管理目标的范围内，协调各利益主体之间的关系，通过充分协商达成一致，利用约束机制和激励机制，发挥各利益主体的向心力和凝聚力，展现企业的活力。

三、我国现代企业财务管理目标的最佳选择

企业财务管理目标（又称"企业理财目标"），是财务管理的一个基本理论问题，也是评价企业理财活动是否合理有效的标准。目前，我国企业理财的目标有多种，当前较有代表性的企业财务管理目标是企业利润最大化、股东权益最大化和企业价值最大化，但是它们各自存在明显的缺点，随着我国经济体制改革的不断深入和推进，企业的财务管理已发生了重大变化。因此，根据当前我国企业财务管理的实际情况，有必要对企业财务管理目标的最佳选择再作探讨。

（一）对三种常见财务管理目标的缺点评述

1.企业利润最大化的缺点

主张把企业利润最大化作为企业财务管理目标的人数不少。但是，它存在以下十分明显的缺点。

（1）未明确企业赚取利润的最终目的是什么，这与目标应体现的社会主义基本经济规律性、统一性和明晰性这三个特征不太相符。

（2）未考虑实现利润的时间和资金时间价值，容易引发经营者不顾企业长远发展而产生短期行为。

（3）未考虑利润产生的风险因素，容易引发经营者不顾风险去追求最大的利润，致使企业陷入经营困境或财务困境。

（4）未考虑利润本身的含金量，容易误导经营者只顾追求会计利润而忽视现金流量，使企业因现金流量不足而陷入财务困境。

2.股东权益最大化的缺点

其一，股东权益最大化需要通过股票市价最大化来实现，而事实上，影响股价变动的因素不仅包括企业经营业绩，还包括投资者心理预期及经济政策、政治形势等理财环境，因而带有很大的波动性，容易导致股东权益最大化失去公正的标准和统一衡量的客观尺度；其二，经理阶层和股东之间在财务目标上往往存在分歧；其三，股东权益最大化对规范企业行为、统一员工认识缺乏应有的号召力。人力资本所有者参与企业收益的分配，不仅实现了人力资本所有者的权益，而且实现了企业财富分配原则从货币拥有者向财富创造者的转化，这已成为世界经济发展的一种趋势。

3.企业价值最大化的缺点

企业价值最大化目标在实际工作中可能导致企业所有者与其他利益主体之间的矛盾。企业是所有者的企业，其财富最终都归其所有者所有，所以企业价值最大化目标直接反映

了企业所有者的利益，是企业所有者所希望实现的利益目标。这可能与其他利益主体如债权人、经理人员、内部职工、社会公众等所希望的利益目标产生矛盾。现代企业理论认为，企业是多边契约关系的总和——股东、债权人、经理阶层、一般员工等对企业的发展而言缺一不可，各自的利益共同参与构成企业的利益制衡机制。从这个方面讲，只强调一方利益而忽视或损害另一方利益是不利于企业长远发展的，而且我国是一个社会主义国家，更加强调职工的实际利益和各项应有的权利，强调社会财富的积累，强调协调各方面的利益，努力实现共同发展和共同富裕。因此，企业价值最大化不符合我国国情。

（二）选择企业财务管理目标的基本原则

1.利益兼顾原则

企业的利益主体主要有投资人、债权人、经营者、职工、政府和社会公众等。确定企业财务管理的最佳目标，应该全面有效地兼顾这些利益主体的利益，并努力使每一个利益主体的利益都能持续不断地达到最大化。

2.可持续发展原则

企业财务管理的最佳目标应有利于企业的可持续发展。具体地说，企业财务管理的最佳目标应该能够克服经营上的短期行为，使各个利益主体的利益都能够做到长短结合、有效兼顾，最大限度地保证企业的长期、稳定、快速发展。

3.计量可控原则

企业财务管理的最佳目标应能被可靠地计量和有效地控制。只有这样，企业财务管理的最佳目标才变得具体化，才具有可操作性，才能进行考核和评价。否则，企业财务管理的最佳目标就会变得虚化从而失去意义。

（三）企业财务管理目标的最佳选择是相关者利益持续最大化

一个企业，从产权关系来说它是属于投资人的，但从利益关系来说它却是属于各相关利益主体的。因此，确定企业财务管理的最佳目标，不能只考虑某一个利益主体的单方面利益、不能只考虑某一时期的利益，要以科学发展观为指导、以人为本，要考虑到所有利益主体的共同利益能够全面、持续、协调发展。所以，笔者认为，企业现阶段的财务管理目标的最佳选择是使相关者利益持续最大化。

1.内涵

相关者利益持续最大化是指企业以科学发展观为指导，采用最佳的财务政策，充分考虑资金的时间价值、风险与报酬的关系，价值与价格的关系，经济利益与社会责任的关系，在保证企业长期稳定发展的基础上，使企业的投资人、债权人、经营者、职工、政府、社会公众乃至供应商和客户的利益都能全面、持续、协调发展，各自的利益不断达到最大化。

2.优点

相关者利益持续最大化并不是忽略投资人的利益，而是兼顾包括投资人在内的各方相关者的利益，在使投资人利益持续最大化的同时，也使其他相关者利益持续达到最大化。也就是将企业财富这块蛋糕做到最大的同时，又保证每一个相关者所分到的蛋糕足够多。

它的显著优点是：

（1）更强调风险与报酬的均衡，将风险控制在企业可以承担的范围之内。

（2）能创造与投资人之间的利益协调关系，努力培养安定性投资人。

（3）它关心本企业经营者和职工的切身利益，创造优美和谐的工作环境。

（4）不断加强与债权人的联系，凡重大财务决策均邀请债权人参加讨论，培养可靠的资金供应者。

（5）真正关心客户的利益，在新产品的研究和开发上有较高的投入，不断通过推出新产品来尽可能满足顾客的要求，以便保持销售收入的长期稳定增长。

（6）讲究信誉，注重企业形象塑造与宣传。

（7）关心政府有关政策的变化，努力争取参与政府制定政策的有关活动等。

3.优势

其优势明显反映在它特别有利于企业处理好以下三类利益关系。

（1）有利于企业协调投资人与经营者之间的矛盾

由于信息不对称，投资人无法对经营者的经营进行全面的监督，即使技术上可行也会因监督成本过大而难以承受。例如，在目前国家这一投资人（大股东）非人格化的条件下，设立监督机构并对国有企业经营者进行监督，可事实证明，这些监督机构本身又需要再监督，但是谁又能说再监督部门不需要监督呢？所以在目前我国这种政治体制与所有制形式下，单凭监督很难解决投资人与经营者之间的矛盾，只有采用相关者利益持续最大化作为企业的财务管理目标，在利益分配上采用分享制，使经营者与投资人之间利益一致，充分发挥经营者的积极性，才能使企业资产高效运行。

（2）有利于企业协调投资人与职工之间的关系

从根本上说，由于我国实行社会主义市场经济体制，作为国有企业投资人的国家与职工之间的最终利益是一致的。但不可否认，从局部和短期来看，二者在一定程度上是存在矛盾的，过分强调投资人的利益会降低职工的积极性，从而影响企业的生产力，最终影响投资人的利益；过分强调职工的利益，又会造成企业的长期竞争力受损，造成职工的大量下岗。只有同时兼顾二者，才有利于企业的长期稳定发展。

（3）有利于企业协调投资人与债权人之间的关系

如果以相关者利益持续最大化作为企业的财务目标，那么让债权人参与企业经营管理，不仅可以降低债权人风险，又可以降低企业的资金成本，提高企业的资产负债比率，使企业充分利用财务杠杆来提高企业的效益；而且，当企业面临财务困难时，债权人不仅不会向企业逼债，反而会追加投资，帮助企业渡过难关，在保护自己利益的同时，也保护了投资人的利益，实现了"双赢"。

四、企业财务管理目标的可持续发展

（一）对各种财务管理目标的初步评价

1.股东财富最大化不符合我国国情

与利润最大化目标相比，股东财富最大化在一定程度上也能够克服企业在追求利润上的短期行为，这是由于其目标容易量化，更易于考核。但是，股东财富最大化的明显缺陷是：股票价格受多种因素的影响，并非都是公司所能控制的，把不可控因素引入理财目标是不合理的。

2.企业经济增加值率最大化和企业资本可持续有效增值的科学性值得推敲

这两个财务目标采用具体指标来量化评价标准，虽在实践中易于操作，但其指标科学性尚值得推敲。采用单纯的数量指标，不仅不能体现财务管理目标的全面性，还不能体现理财目标的系统性、综合性特点，企业相关利益人的利益很难体现出来。

根据可持续发展理论，笔者认为从企业长远发展来看，以综合效益最大化替代现存的企业财务管理目标具有现实战略意义。所谓"综合效益最大化"是指企业在承担环境保护等社会责任的前提下，通过合理经营，采用最优的财务策略和政策，谋求经济效益和社会效益的最大化。把综合效益最大化作为企业财务管理目标，其实是企业社会责任的深化。

（二）确立现代企业实现可持续发展下财务管理目标应考虑的主要因素

1.现代企业财务管理目标的确立应建立在企业目标的基础上，体现企业目标的要求

财务管理是企业对资金运动及其所体现的财务关系的一种管理，具有价值性和综合性。作为财务管理出发点和最终归宿的管理目标，应该从价值形态方面体现资金时间价值、风险与收益均衡等观念，反映企业偿债能力、资产营运能力和盈利能力的协调统一，才符合企业目标的要求，从而保证企业目标的顺利实现。

2.现代企业财务管理目标既要体现企业多边契约关系的特征，又要突出主要方面

企业所有者投入企业的资金时间最长、承担的风险最大，理应享有最多的权益。财务管理目标在体现企业各种成员的利益，使其得到保障的同时，应该突出企业所有者的利益，以适应所有者所处的特殊地位。

3.现代企业财务管理目标应符合市场经济发展的规律，体现一定的社会责任

财务管理目标应适应市场经济规律的这一要求，引导资源流向风险低、收益率高的企业。此外，现代企业作为一种社会存在，其生存发展还要靠社会的支持。因此，财务管理目标应体现一定的社会责任和社会利益，树立良好的企业信誉和社会形象，为企业生存创造一个良好的环境，为谋求长远的发展打下基础。

（三）现代企业财务管理目标及其优越性

综合考虑上述因素，现代企业科学合理的财务管理目标应该确立为：在履行一定社会责任的基础上，尽可能提高企业权益资本增值率，实现所有者权益价值最大化。这里的所有者权益价值是指所有者权益的市场价值或评估价值，而不是账面价值。以这一目标作为现代企业财务管理目标，具有以下优越性。

1.既充分体现了所有者的权益，又有利于保障债权人、经营者和职工等的利益

企业所有者投入企业的资本是长期的、不能随意抽走的，所有者履行的义务最多，承担的风险最大，理应享有最多的权利和报酬。企业债权人通常与企业签订一系列限制性条款来约束企业的财务活动，以保障获得固定的利息和承担有限的风险，所有者权益价值最大化只有在债权人利益得到保障的基础上才可能实现。企业经营者的利益与所有者的权益是息息相关的，经营者若要得到丰厚的报酬和长期的聘用，就必须致力于实现所有者权益价值最大化，以博得企业所有者的信任与支持。企业职工的利益同样与所有者的权益相关联，如果企业经营不善，所有者权益价值最大化无法实现，职工的收入福利就会受到影响。

2.包含资金时间价值和风险价值，适应企业生存发展的需要

企业权益资本是所有者的长期投资，短期的、暂时的权益资本增值最大并不是所有者所期望的。实现所有者权益价值最大化，要求权益资本增值长期最大化，需要考虑未来不同时间取得的等额投资收益因时间先后而导致的不同现值体现预期投资的时间价值，并在考虑资金时间价值的基础上注重企业长远利益的增加。实现所有者权益价值最大化，不仅要考虑眼前的获利能力，更要着眼于未来潜在的获利能力；既要规避风险，又要获取收益，实现风险与收益的均衡，从而取得竞争优势，满足企业不断生存发展的需要。

综上所述，只有把投资人、债权人、经营者、政府和社会公众的利益最大化，才能最大限度地促进企业的可持续发展。企业应以综合效益最大化作为现代财务管理的最优目标，并在财务管理活动中努力兼顾、协调和平衡各方利益，使投资人、债权人、经营者、政府和社会公众都能从公司的经营活动中获得各自最大的利益，才能最大限度地促进企业的可持续发展。

第三节　财务管理在企业管理中的地位与作用

财务管理指的是企业在管理过程中对企业资产进行管理的管理形式，其主要内容包括企业的投资、融资，对流动资金的管理和利润的分配等。从财务管理的概念中我们可以发现，财务管理贯穿于企业管理的始终，是企业管理模式中不可缺少的部分。因此，要促进企业的长远发展必须要求企业管理人员加强对财务管理的重视，做好财务管理工作。然而，我国企业财务管理的实际情况却是：部分企业领导人员错误地估计了财务管理在整个企业管理中的地位和作用，使得企业财务管理无法正确发挥出其效用。因此，目前我国企业的当务之急是重新认识到财务管理在企业管理中的重要作用和地位，并积极发挥其有效作用。

一、财务管理在我国企业管理中的地位

（一）符合现代化企业制度的要求

我国现代化企业制度要求企业要做到"产权清晰""科学管理"和"权责明确"，这三点实质上与企业的财务管理有着密切的联系，要符合现代化企业管理制度需要领导人充分重视财务管理的重要性。首先，就"产权清晰"而言，其指的是企业要清晰和明确相关的产权关系。在企业管理中，要清晰地处理产权关系需要企业的财务管理部门能够定期对企业的负债情况进行登记、调查和分析，要明确负债资金的数目，重新估计资产的价值，对资产的所有权进行重新界定。其次，就"科学管理"而言，这部分要求企业在管理过程中要做到科学、合理。企业的管理内容较为丰富，包括对设备的管理、对人力资源的管理以及对生产经营的管理，当然也包括对资产财务的管理以及对技术的管理。只有当企业能够以科学的方式对各个方面进行合理管理、处理好各部门之间的管理，才能算是科学管理。而在这些管理内容中，财务管理与其他管理部门均保持着密切的联系，企业的任何一项资产出入、生产和经营活动均需要通过财务管理反映出来，以便促进企业来年更好的发展。最后，就"权责明确"而言，其要求企业要分清楚企业法人和企业股东之间产权的明确分界。这就要求企业财务管理部门必须要对企业资产的经营权以及法人和股东之间的产权关系进行有效管理。

（二）财务管理是企业管理的核心内容

企业的主要目的是通过生产和经营活动来获取最高的商业利润。企业的活动包括生

产、投资、融资或是资金的流动性管理等，这些均属于资产的流动情况，最终均将反映在财务管理中。财务管理通过对企业一段时间或者一年的资产出入信息进行收集、整合和处理，能够反映出企业的收支情况，分析了企业的盈利状况，并且能够通过分析发现企业财务管理中的问题。通过财务管理的财务分析，企业领导人员可以对下一阶段的经营和决策进行适当调整，以寻求更高的经济效益。从这个方面来看，财务管理不仅贯穿企业管理的始终，而且具有其他管理部门无法取代的重要作用。

（三）财务管理与企业各种管理关系联系密切

财务管理在企业管理中的核心地位要求其与企业其他管理部门必须具有密切的联系，其他管理部门也必须要依靠财务管理部门的参与才能够有效运转。首先，这是因为企业的生产和经营活动均需要依靠资产，例如企业在进行融资和投资时则必须要依靠企业的财务管理；其次，为了获取最大的经济效益，企业在投资或开展生产经营活动时必须做好相关的投资计划，而投资计划的进行、生产成本的控制则需要企业结合财务报告进行综合分析；再次，财务管理会对企业的资产进行综合管理，其中包括对企业资金进行预算管理和结算管理，通过财务管理的相关信息整合，企业领导才能切实保证企业盈利，促进企业更好地发展；最后，财务管理对企业管理中消耗的资金进行数据统计和分析后能够较好地指导企业进行投资再生产，达到扩大再生产、提高经济效益的作用。

二、财务管理对企业管理所发挥的作用

（一）优化管理经营理念，将财务管理的作用充分发挥出来

企业的经营管理活动最终目的是保证经济效益最大化，增加企业的资产。市场经济条件下想要保证经济效益最大化，首先要做好财务管理工作，从管理水平和管理效果两个方面进行提升，将财务管理的作用充分发挥出来，保证企业顺利发展。如今市场环境和市场需求都是变幻莫测的，激烈的市场竞争使得企业的管理层要转变和优化自身的经营管理理念，从企业的实际情况出发来调整或者整合管理方式，提高管理的水平。财务管理的过程中，管理层要适当地对企业资源进行调整，并用于国内外市场的开发，从市场发展环境出发找寻适当的投资机会从而获得更大的盈利，将财务管理在风险的预防和控制中的作用发挥出来，实现企业资金最大化以及最合理的使用。例如这个时期投资房地产会获得较大的收益，那么企业可以将资金投资在房地产项目上，在投资前首先要评估企业投资房地产计划存在的风险，保证企业资金得到有效、有利的运用。企业管理层要伴随着企业发展的步伐对自身的管理理念进行更新换代，将新的管理理念积极引进来并组织学习，在应用先进

管理理念的时候要注意与企业的实际发展情况相契合，真正将企业管理水平提升上来，也就实现了财务管理作用最优的发挥。

（二）构建更为合理的企业财务管理机制

企业的发展和经营活动离不开财务管理机制的帮助，因此不仅要构建财务管理机制，还要保证其完善程度，这样才能提高财务管理工作的效率和效果，最大化地实现经济效益的提升。例如企业可以通过财务管理来实现内部的成本控制，降低各项费用支出从而降低经营成本，这样一来企业可以使用最少的经营成本获得最好的经济效益。企业管理层可以制定具体的激励制度来对员工进行激励，这样不仅可以使员工更加积极地投入工作中，还能利用他们的主观能动性为公司带来利益。通常来说管理者会使用财务激励制度，也就是使用金钱或者股权来激励员工，这种财务激励机制是最直接的激励方法，效果也是非常不错的，员工工作的积极性得到了有效的调动。企业通过工作实践可以有效地积累财务管理经验，从而制定制度，对于企业财务管理机制的构建有很大的帮助。对企业管理机制进行进一步的完善和丰富，可以使财务管理机制更紧密地与企业的实际情况相结合，在企业经济效益增加方面作出显著成效。

（三）提升企业财务管理人员的专业技能

财会工作是企业财务管理工作中一个重要的内容，只有保证财会工作人员良好地完成财会工作、制定出科学合理的财务管理措施，才能保证企业顺利发展。财务管理工作在企业的进步和发展过程中要有所前进，财会工作人员在负责和执行财务管理工作的时候也需要通过不断的工作实践来提升专业能力，与财务管理工作的要求相适应，并且符合市场环境的要求和发展。例如，一个企业会选择一定时间专门培训其财会人员，这样不仅可以获得更高的企业财务会计工作效率，企业的经济效益也将会得到提升。同时财务人员也要有不断学习的意识，在闲暇时间有意识地去进行专业知识的学习，与新的制度变化相适应，即使企业制定了全新的财会制度也可以快速适应，顺利且正确地做好企业的财务管理工作，并保证自身工作的效率和效果。企业重视员工的培训，员工也能够积极主动地进行学习，那么员工的专业技能和综合素质自然能得到很大的提升，企业财务管理人员整体水平得到提高，企业将会获得更好的经济和社会的效益。

三、企业在财务管理中需要注意的重要事项

（一）明确财务管理的作用和地位

要想切实发挥财务管理在企业管理中的作用，则需要企业领导和管理人员能够明确财

务管理的重要作用和在企业管理中的重要地位。总结来说，财务管理在企业管理的作用表现为对资金的控制和管理作用、对企业生产和经营活动的预测和规划作用、对企业财政的监督作用以及对企业资本运行的实行作用。只有当企业领导和管理人员能够明确了解财务管理在企业管理中的重要作用，企业才能够加强对财务管理的重视、制定有效的财务管理制度、切实发挥财务管理的作用。

（二）采取有效措施切实发挥财务管理的作用

第一，要切实发挥财务管理的有效作用不仅需要企业领导和管理人员加强对财务管理的重视程度，还需要企业领导注重财务管理部门和其他管理部门的联系，使各部门相互协调发展。我国部分企业在财务管理过程中容易出现这样的错误观念，即企业领导在管理中过于看重对资金的管理，默认为财务管理实际上就是对资金的管理，财务管理部门只需要做好与资金相关的管理工作即可。实际上，企业财务管理不仅是对资产的管理，还是对人际关系的管理。只有当财务管理部门工作人员与其他部门工作人员关系密切，才能够方便财务管理部门人员及时了解到最新的财务信息，做好财务报告，为企业的经营和发展提供更加真实有效的财务信息。因此，企业在做好财务管理工作的同时，还需要加强财务管理部门和其他管理部门之间的联系。

第二，建立完善的管理制度。要切实发挥企业财务管理的作用，还需要企业根据实际情况建立完善的管理体制。财务管理体制的建立需要企业明确企业财务关系、确定企业的财务管理目标、协调各管理部门的相互关系、规定好财务管理部门工作人员的工作流程等。科学、完善的财务管理制度必须能够适应本企业的现实发展状况，并切实促进管理部门工作的开展。

第三，提高企业领导者的风险管理意识。企业在生产和经营活动中有可能遇到各种生产和经营风险。随着社会经济的不断发展，市场经济形势变化万千。要降低企业的经营风险和财务风险、保证和提高企业的经济效益，必须要求企业做好生产经营预算管理工作，并建立资产和生产经营风险预警机制。因此，企业领导和管理人员在管理过程中必须要强化风险管理意识、树立风险观念，在进行经营决策前要充分重视预算管理和风险管理工作，并提前制订好风险防御方案，以降低企业的经济损失。

第四，重视提高财务会计人员的专业素质。财务管理作用的有效发挥不仅需要加强企业领导的重视程度，还需要提高财务会计人员的专业素质。财务会计人员需要具备的专业素质包括：第一，财务会计人员必须要有丰富的工作经验，对财务会计相关知识包括法律、税务知识有一定的了解和掌握；第二，财务会计管理人员需要掌握更多的现代化管理理念和方法，同时管理人员还需要在实践过程中不断提升自身素质，增强自身的协调能力、对突发事件的应变能力和对重大事件的组织管理能力；第三，无论是财务会计工作人员还是财务会计管理员工人员，员工要具备基本职业道德素质并不断提高，使员工能够切实做到爱岗敬业。因此，为了达到这些人才素质管理标准，企业需要投入大量的时间和精力对财务管理部门员工人员进行分类培训。培训中企业应该加强对培训结果的重视，培训后要采用更加有效的审核方式，切实提高工作人员的综合素质。此外，为了提高财务管理工作员工人员的工作积极性和效率，企业还需要加强对财务管理部门工作员工人员的管理，建立有效的绩效考核制度和工作问责制度，将财务管理部门工作人员的工作质量和绩效奖金等联系在一起，对表现较好的员工进行资金奖励，对表现略差的员工进行相应的惩罚，可以较好地鼓励工作人员提高工作质量和效率，促进企业更好发展。

综上所述，财务管理符合现代化企业制度的要求，是企业管理的核心内容并且与企业各种管理关系联系密切。加强对企业财务管理的重视可以有效促进企业经济效益的提高、加强对资金进行全面的预算和结算管理，并能够建立有效的运行机制，降低企业经营风险。但是，企业在财务管理的实践中需要明确财务管理的作用和地位，为了发挥财务管理的有效作用应注重财务管理部门和其他管理部门的联系，使各部门相互协调发展。同时要求企业建立完善的管理制度，提高企业领导的风险管理意识并重视提高财务会计工作人员的专业素质。

第二章　企业筹资管理

第一节　企业筹资概述

一、企业筹资的原则

筹资是企业经营活动的前提，是资金运动的起点，是决定企业生产经营发展程度的重要环节。企业筹资是指企业根据其生产经营、对外投资和调整资本结构等的需要，通过筹资渠道和金融市场，运用筹资方式，经济有效地筹措和集中资本的活动。

企业筹资是一项重要而复杂的工作，为了有效地筹集企业所需资金，必须遵循以下基本原则。

（一）合理确定资金需要量，科学安排筹资时间

通过预算手段完成资金的需求量和需求时间的测定，使资金的筹措量与需要量达到平衡，防止因筹资不足而影响生产经营或因筹资过剩而增加财务费用。

（二）合理组合筹资渠道和方式，降低资金成本

综合考察各种筹资渠道和筹资方式的难易程度、资金成本和筹资风险，研究各种资金来源的构成，求得资金来源的最优组合，以降低筹资的综合成本。

（三）优化资本结构，降低筹资风险

在筹资过程中合理选择和优化筹资结构，做到长短期资本、债务资本和自有资本的有机结合，有效地规避和降低筹资中各种不确定性因素给企业带来损失的可能性。

（四）拟订筹资方案，认真签订和执行筹资合同

在进行筹资成本、资本结构和投资效益可行性研究的基础上，拟订筹资方案。筹资时间应与用资时间相衔接，而且要考虑资金市场的供应能力。在筹资方案的实施过程中，筹

资者与出资者应按法定手续认真签订合同、协议，明确各方的责任和义务。此后，必须按照企业筹资方案和合同、协议的规定执行，恰当支付出资人报酬，按期偿还借款，维护企业信誉。

二、企业筹资的方式

（一）吸收直接投资

吸收直接投资，是指企业按照"共同投资、共同经营、共担风险、共享收益"的原则，直接吸收国家、法人、个人和外商投入资金的一种筹资方式，它是形成企业资本金的一种筹资方式。

（二）发行股票

股票是股份有限公司为筹措股权资本而发行的有价证券，是公司签发的证明股东持有公司股份的凭证。股票作为一种所有权凭证，代表着股东对发行公司净资产的所有权。股票只能由股份有限公司发行，是股份公司取得权益资金的基本方式。

（三）发行债券

企业债券是指企业依照法定程序发行、约定在一定期限内还本付息的有价证券。债券表示发债企业和债券持有人之间是一种债务债权关系，债券持有人不参与企业的经营管理，但有按期收回约定的本息，在企业破产清算时，债权人有优先于股东享有对企业剩余财产的索取权。

（四）银行借款

银行借款是指企业向银行或其他非银行金融机构借入的、需要还本付息的款项，包括偿还期限超过1年的长期借款和不足1年的短期借款，主要用于企业购建固定资产和满足流动资金周转的需要。

（五）商业信用

商业信用就是企业在正常的经营活动和商品交易中由于延期付款或预收账款所形成的企业常见的信贷关系。

（六）留存收益投资

留存收益投资是指企业将留存收益转化为投资的过程，将企业生产经营所实现的净收益留在企业，而不作为股利分配给股东，其实质为原股东对企业追加投资，它是企业筹集权益资金的一种重要方式。

（七）融资租赁

融资租赁是指实质上转移与资产所有权有关的全部或绝大部分风险和报酬的租赁。租赁在实质上具有借贷的属性。融资租赁已成为又一种重要的筹资方式。

三、企业筹资的类型

企业通过运用各种筹资方式所筹集的资金，由于具体的属性、期限、范围和机制的不同，按照不同角度通常可分为以下几种类型。

（一）按照资金的来源渠道不同，可将企业筹资分为权益性筹资和负债性筹资

1. 权益性筹资方式包括发行股票、吸收直接投资、内部积累等。
2. 负债性筹资方式包括发行债券、银行借款、融资租赁等。

（二）按照是否通过金融机构，可将企业筹资分为直接筹资和间接筹资

1. 直接筹资的工具主要是商业票据、股票、债券。
2. 典型的间接筹资是银行贷款。

（三）按照所筹资金使用期限的长短，可将企业筹资分为短期资金筹集与长期资金筹集

1. 短期资金筹资方式包括商业信用、短期银行借款等。
2. 长期资金筹资方式包括吸收直接投资、发行股票、发行债券、长期银行借款、融资租赁和内部积累。

（四）按照资金的取得方式不同，可将筹资分为内源筹资和外源筹资

1. 内源筹资是指企业利用自身的储蓄转化为投资的过程。如将留存收益投资。
2. 外源筹资是指企业吸收其他经济主体的闲置资金。

四、企业筹资的资金需求预测

资金需要量预测是指企业根据生产经营的需求，对未来所需资金的估计和推测。企业

的资金需要量是筹资的数据依据，必须科学合理地进行预测，才能保证筹集来的资金既能满足企业发展的需要，又不会有太多的闲置，从而促进企业财务管理目标的实现。下面介绍几种常用的资金需要量预测的方法。

（一）定性预测法

定性预测法是根据调查研究所掌握的情况和数据资料，凭借预测人员的知识和经验，对资金需要量所做的判断。这种方法一般不能提供有关事件确切的定量概念，而主要是定性地估计某一事件的发展趋势、优劣程度和发生的概率。定性预测是否正确，完全取决于预测者的知识和经验。在进行定性预测时，虽然要汇总各方面人士的意见和综合地说明财务问题，但也需将定性的财务资料进行量化，这并不改变这种方法的性质。定性预测主要是根据经济理论和实际情况进行理性的、逻辑的分析和论证，以定量方法作为辅助，一般在缺乏完整、准确的历史资料时采用。

1.德尔菲法

德尔菲法又称为专家调查法。进行销售预测时，主要是通过向财务管理专家进行调查，利用专家的经验和知识，对过去发生的财务活动、财务关系和有关资料进行分析综合，从财务方面对未来经济的发展作出判断。预测一般分两步进行：首先，由熟悉企业经营情况和财务情况的专家，根据其经验对未来情况进行分析判断，提出资金需要量的初步意见；其次，通过各种形式（如信函调查、开座谈会等），在与本地区一些同类企业的情况进行对比的基础上，对预测的初步意见加以修订，最终得出的预测结果。

2.市场调查法

市场的主体是在市场上从事交易活动的组织和个人，客体是各种商品和服务，商品的品种、数量和质量、交货期、金融工具和价格则是市场的配置资源。在我国，既有消费品和生产资料等商品市场，又有资本市场、劳动力市场、技术市场、信息市场及房地产市场等要素市场。市场调查的主要内容是对各种与财务活动有关的市场主体、市场客体和市场要素的调查。

市场调查以统计抽样原理为基础，包括简单随机抽样、分层抽样、分群抽样、规律性抽样和非随机抽样等技术，主要采用询问法、观测法和实验法等，以使定性预测准确、及时。

3.相互影响预测方法

专家调查法和市场调查法所获得的资料只能说明某一事件的现状发生的概率和发展的趋势，而不能说明有关事件之间的相互关系。相互影响预测方法就是通过分析各个事件由于相互作用和联系引起概率发生变化的情况，研究各个事件在未来发生可能性的一种预测方法。

（二）定量预测法

1.销售百分比法

（1）基本原理

销售百分比法，是根据销售增长与资产增长之间的关系，预测未来资金需要量的方法。企业的销售规模扩大时，要相应增加流动资产；如果销售规模增加很多，还必须增加长期资产。为取得扩大销售所需增加的资产，企业需要筹措资金。这些资金，一部分来自留存收益，另一部分通过外部筹资取得。通常，销售增长率较高时，仅靠留存收益不能满足资金需要，即使获利良好的企业也需外部筹资。因此，企业需要预先知道自己的筹资需求，提前安排筹资计划，否则就可能发生资金短缺问题。

销售百分比法，将反映生产经营规模的销售因素与反映资金占用的资产因素连接起来，根据销售与资产之间的数量比例关系，预计企业的外部筹资需要量。销售百分比法首先假设某些资产与销售额存在稳定的百分比关系，根据销售与资产的比例关系预计资产额，根据资产额预计相应的负债和所有者权益，进而确定筹资需要量。

（2）基本步骤

①确定随销售额变动而变动的资产和负债项目。资产是资金使用的结果，随着销售额的变动，经营性资产项目将占用更多的资金。同时，随着经营性资产的增加，相应的经营性短期债务也会增加，如存货增加会导致应付账款增加，此类债务称为"自动性债务"，可以为企业提供暂时性资金。经营性资产与经营性负债的差额通常与销售额保持稳定的比例关系。这里，经营性资产项目包括库存现金、应收账款、存货等项目；而经营性负债项目包括应付票据、应付账款等项目，不包括短期借款、短期融资券、长期负债等筹资性负债。

②确定经营性资产与经营性负债有关项目与销售额的稳定比例关系。如果企业资金周转的营运效率保持不变，经营性资产与经营性负债会随销售额的变动而呈正比例变动，保持稳定的百分比关系。企业应当根据历史资料和同业情况，剔除不合理的资金占用，寻找与销售额的稳定百分比关系。

③预计由于销售增长而需要的资金需求增长额，扣除利润留存后，即为所需要的外部筹资额。

2.资金习性预测法

资金习性预测法，是指根据资金习性预测未来资金需要量的一种方法。所谓资金习性，是指资金的变动同产销量变动之间的依存关系。按照资金同产销量之间的依存关系，可以把资金区分为不变资金、变动资金和半变动资金。

不变资金是指在一定的产销量范围内，不受产销量变动的影响而保持固定不变的那部分资金。也就是说，产销量在一定范围内变动，这部分资金保持不变。这部分资金包括：为维持营业而占用的最低数额的现金，原材料的保险储备，必要的成品储备，厂房、机器设备等固定资产占用的资金。

变动资金是指随产销量的变动而同比例变动的那部分资金。它一般包括直接构成产品实体的原材料、外购件等占用的资金。另外，在最低储备以外的现金、存货、应收账款等也具有变动资金的性质。

半变动资金是指虽然受产销量变化的影响，但不成同比例变动的资金，如一些辅助材料上占用的资金。半变动资金可采用一定的方法划分为不变资金和变动资金两部分。

进行资金习性分析，把资金划分为变动资金和不变资金两部分，从数量上掌握了资金同销售量之间的规律性，对准确地预测资金需要量有很大帮助。实际上，销售百分比法是资金习性分析法的具体运用。

第二节　权益资金筹集

一、吸收直接投资

吸收直接投资，是指企业按照共同投资、共同经营、共担风险、共享收益的原则，直接吸收国家、法人、个人和外商投入资金的一种筹资方式。吸收直接投资是非股份制企业筹集权益资本的基本方式，采用吸收直接投资的企业，资本不分为等额股份、无须公开发行股票。吸收直接投资实际出资额，注册资本部分形成实收资本；超过注册资本的部分属于资本溢价，形成资本公积。

（一）吸收直接投资的种类

1.吸收国家投资

国家投资是指有权代表国家投资的政府部门或机构，以国有资产投入公司，这种情况下形成的资本叫作国有资本。根据《企业国有资本与财务管理暂行办法》（〔2001〕325号）的规定：在公司持续经营期间，公司以盈余公积、资本公积转增实收资本的，国有公司和国有独资公司由公司董事会或经理办公会决定，并报主管财政机关备案；股份有限公司和有限责任公司由董事会决定，并经股东大会审议通过。吸收国家投资一般具有以下特点：（1）产权归属国家；（2）资金的运用和处置受国家约束较大；（3）在国有公司中采用比较广泛。

2.吸收法人投资

法人投资是指法人单位以其依法可支配的资产投入公司，这种情况下形成的资本称为法人资本。吸收法人资本一般具有以下特点：（1）发生在法人单位之间；（2）以参与公司利润分配或控制为目的；（3）出资方式灵活多样。

3.吸收外商直接投资

企业可以通过合资经营或合作经营的方式吸收外商直接投资，即与其他国家的投资者共同投资，创办中外合资经营企业或者中外合作经营企业，共同经营、共担风险、共负盈亏、共享利益。

4.吸收社会公众投资

社会公众投资是指社会个人或本公司职工以个人合法财产投入公司，这种情况下形成的资本称为个人资本。吸收社会公众投资一般具有以下特点：（1）参加投资的人员较多；（2）每人投资的数额相对较少；（3）以参与公司利润分配为基本目的。

（二）吸收直接投资的出资方式

1.以货币资产出资

以货币资产出资是吸收直接投资中最重要的出资方式。企业有了货币资产，便可以获取其他物质资源，支付各种费用，满足企业创建时的开支和随后的日常周转需要。我国《公司法》规定，公司全体股东或者发起人的货币出资金额不得低于公司注册资本的30%。

2.以实物资产出资

实物资产出资是指投资者以房屋、建筑物、设备等固定资产和材料、燃料、商品产品等流动资产所进行的投资。实物资产出资应符合以下条件：（1）适合企业生产、经营、研发等活动的需要；（2）技术性能良好；（3）作价公平合理。

实物资产出资中实物的作价，可以由出资各方协商确定，也可以聘请专业资产评估机构评估确定。国有及国有控股企业接受其他企业的非货币资产出资，需要委托有资格的资产评估机构进行资产评估。

3.以土地使用权出资

土地使用权是指土地经营者对依法取得的土地在一定期限内有进行建筑、生产经营或其他活动的权利。土地使用权具有相对的独立性，在土地使用权存续期间，包括土地所有者在内的其他任何人和单位，不能任意收回土地和非法干预使用权人的经营活动。企业吸收土地使用权投资应符合以下条件。

（1）适合企业科研、生产、经营、研发等活动的需要；（2）地理、交通条件适宜；

（3）作价公平合理。

4.以工业产权出资

工业产权通常是指专有技术、商标权、专利权、非专利技术等无形资产。投资者以工业产权出资应符合以下条件：（1）有助于企业研究、开发和生产出新的高科技产品；（2）有助于企业提高生产效率，改进产品质量；（3）有助于企业降低生产消耗、能源消耗等各种消耗；（4）作价公平合理。

吸收工业产权等无形资产出资的风险较大。因为以工业产权投资，实际上是把技术转化为资本，使技术的价值固定化。而技术具有强烈的时效性，会因其不断老化落后而导致实际价值不断减少甚至完全丧失。

此外，对无形资产出资方式的限制，《公司法》规定，股东或发起人不得以劳务、信用、自然人姓名、商誉、特许经营权或者设定担保的财产等作价出资。对于非货币资产出资，需要满足三个条件：可以用货币估价；可以依法转让；法律不禁止。

《公司法》对无形资产出资的比例要求没有明确限制，但《外企企业法实施细则》另有规定，外资企业的工业产权、专有技术的作价应与国际上通常的作价原则相一致，且作价金额不得超过注册资本的20%。

（三）吸收直接投资的程序

1.确定筹资数量

企业在新建或扩大经营时，首先确定资金的需要量。资金的需要量应根据企业的生产经营规模和供销条件等来核定，确保筹资数量与资金需要量相适应。

2.寻找投资单位

企业既要广泛了解有关投资者的资信、财力和投资意向，又要通过信息交流和宣传，使出资方了解企业的经营能力、财务状况以及未来预期，以便于公司从中寻找最合适的合作伙伴。

3.协商和签署投资协议

找到合适的投资伙伴后，双方进行具体协商，确定出资数额、出资方式和出资时间。企业应尽可能吸收货币投资，如果投资方确有先进而适合需要的固定资产和无形资产，亦可采取非货币投资方式。对实物资产出资、工业产权投资、土地使用权投资等非货币资产，双方应按公平合理的原则协商定价。当出资数额、资产作价确定后，双方须签署投资的协议或合同，以明确双方的权利和责任。

4.取得所筹集的资金

签署投资协议后，企业应按规定或计划取得资金。如果采取现金投资方式，通常还要编制拨款计划，确定拨款期限、每期数额及划拨方式，有时投资者还要规定拨款的用途，如把拨款区分为固定资产投资拨款、流动资金拨款、专项拨款等。如为实物、工业产权、非专利技术、土地使用权投资，一个重要的问题就是核实财产。财产数量是否准确，特别是价格有无高估低估的情况，关系到投资各方的经济利益，必须认真处理，必要时可聘请专业资产评估机构来评定，然后办理产权的转移手续取得资产。

二、发行股票

（一）股票的特征与分类

1.股票的特征

（1）永久性

公司发行股票所筹集的资金属于公司的长期自有资金，没有期限，不需归还。换言之，股东在购买股票之后，一般情况下不能要求发行企业退还股金。

（2）流通性

股票作为一种有价证券，在资本市场上可以自由转让、买卖和流通，也可以继承、赠送或作为抵押品。股票特别是上市公司发行的股票具有很强的变现能力，流动性很强。

（3）风险性

由于股票的永久性，股东成了企业风险的主要承担者。风险的表现形式有股票价格的波动性、红利的不确定性、破产清算时股东处于剩余财产分配的最后顺序等。

（4）参与性

股东作为股份公司的所有者，拥有参与企业管理的权利，包括重大决策权、经营者选择权、财务监控权、公司经营的建议和质询权等。此外，股东还有承担有限责任、遵守公司章程等义务。

2.股东的权利

股东最基本的权利是按投入公司的股份额，依法享有公司收益获取权、公司重大决策参与权和选择公司管理者的权利，并以其所持股份为限对公司承担责任。

（1）公司管理权

股东对公司的管理权主要体现在重大决策参与权、经营者选择权、财务监控权、公司经营的建议和质询权、股东大会召集权等方面。

（2）收益分享权

股东有权通过股利方式获取公司的税后利润，利润分配方案由董事会提出并经过股东大会批准。

（3）股份转让权

股东有权将其所持有的股票出售或转让。

（4）优先认股权

原有股东拥有优先认购本公司增发股票的权利。

（5）剩余财产要求权

当公司解散、清算时，股东有对清偿债务、清偿优先股股东以后的剩余财产索取的权利。

（二）股份有限公司的设立、股票的发行与上市

1.股份有限公司的设立

设立股份有限公司，应当有2人以上200人以下为发起人，其中须有半数以上的发起人在中国境内有住所。股份有限公司的设立，可以采取发起设立或者募集设立的方式。发起设立，是指由发起人认购公司应发行的全部股份而设立公司。募集设立，是指由发起人认购公司应发行股份的一部分，其余股份向社会公开募集或者向特定对象募集而设立公司。

以发起设立方式设立股份有限公司的，公司全体发起人的首次出资额不得低于注册资本的20%，其余部分由发起人自公司成立之日起2年内缴足（投资公司可以在5年内缴足）。

以募集设立方式设立股份有限公司的，发起人认购的股份不得少于公司股份总数的35%；法律、行政法规另有规定的，从其规定。

股份有限公司的发起人应当承担下列责任：（1）公司不能成立时，发起人对设立行为所产生的债务和费用负连带责任；（2）公司不能成立时，发起人对认股人已缴纳的股款，负返还股款并加算银行同期存款利息的连带责任；（3）在公司设立过程中，由于发起人的过失致使公司利益受到损害的，应当对公司承担赔偿责任。

2.股份有限公司首次发行股票的一般程序

（1）发起人认足股份、缴付股资

发起方式设立的公司，发起人认购公司的全部股份；募集方式设立的公司，发起人认购的股份不得少于公司股份总数的35%。发起人可以用货币出资，也可以用非货币资产作价出资。在发起设立方式下，发起人缴付全部股资后，应选举董事会、监事会，由董事会办理公司设立的登记事项；在募集设立方式下，发起人认足其应认购的股份并缴付股资后，其余部分向社会公开募集。

（2）提出公开募集股份的申请

以募集方式设立的公司，发起人向社会公开募集股份时，必须向国务院证券监督管理部门递交募股申请，并报送批准设立公司的相关文件，包括公司章程、招股说明书等。

（3）公告招股说明书，签订承销协议

公开募集股份申请经国家批准后，应公告招股说明书。招股说明书应包括公司的章程、发起人认购的股份数、本次每股票面价值和发行价格、募集资金的用途等。同时，与证券公司等证券承销机构签订承销协议。

（4）招认股份，缴纳股款

发行股票的公司或其承销机构一般用广告或书面通知的办法招募股份。认股者一旦填写了认股书，就要承担认股书中约定的缴纳股款义务。如果认股者的总股数超过发起人拟招募的总股数，可以采取抽签的方式确定哪些认股者有权认股。认股者应在规定的期限内向代收股款的银行缴纳股款，同时交付认股书。股款认足后，发起人应委托法定的机构验资，出具验资证明。

（5）召开创立大会，选举董事会、监事会

发行股份的股款募足后，发起人应在规定期限内（法定30天）主持召开创立大会。创立大会由发起人、认股人组成，应有代表股份总数半数以上的认股人出席方可举行。创立大会通过公司章程，选举董事会和监事会成员，并有权对公司的设立费用进行审核，对发起人用于抵作股款的财产作价进行审核。

（6）办理公司设立登记，交割股票

经创立大会选举的董事会，应在创立大会结束后30天内，办理申请公司设立的登记事项。登记成立后，即向股东正式交付股票。

3.股票上市交易

（1）股票上市的目的

股票上市的目的是多方面的，主要包括：①便于筹措新资金。证券市场是资本商品的买卖市场，证券市场上有众多的资金供应者。同时，股票上市经过了政府机构的审查批准并接受严格的管理，执行股票上市和信息披露的规定，容易吸引社会资本投资者。公司上市后，还可以通过增发、配股、发行可转换债券等方式进行再融资。②促进股权流通和转让。股票上市后便于投资者购买，提高了股权的流动性和股票的变现力，便于投资者认购和交易。③促进股权分散化。上市公司拥有众多的股东，加之上市股票的流通性强，能够避免公司的股权集中，分散公司的控制权，有利于公司治理结构的完善。④便于确定公司价值。股票上市后，公司股价有市价可循，便于确定公司的价值。对于上市公司来说，即时的股票交易行情，就是对公司价值的市场评价。同时，市场行情也能够为公司收购兼并等资本运作提供询价基础。

但股票上市也有对公司不利的一面，这主要有：上市成本较高，手续复杂严格；公司将负担较高的信息披露成本；信息公开的要求可能会暴露公司的商业机密；股价有时会歪曲公司的实际情况，影响公司声誉；可能会分散公司的控制权，造成管理上的困难。

（2）股票上市的条件

公司公开发行的股票进入证券交易所交易，必须受严格的条件限制。我国《证券法》规定，股份有限公司申请股票上市，应当符合下列条件：

①股票经国务院证券监督管理机构核准已公开发行；

②公司股本总额不少于人民币3000万元；

③公开发行的股份达到公司股份总数的25%以上；公司股本总额超过人民币4亿元的，公开发行股份的比例为10%以上；

④公司最近3年无重大违法行为，财务会计报告无虚假记载。

（3）股票上市的暂停、终止与特别处理

当上市公司出现经营情况恶化、存在重大违法违规行为或其他原因导致不符合上市条件时，就可能被暂停或终止上市。

上市公司出现财务状况或其他状况异常的，其股票交易将被交易所"特别处理"（ST: special Treatment）"财务状况异常"是指以下几种情况：

①最近2个会计年度的审计结果显示的净利润为负值；

②最近1个会计年度的审计结果显示其股东权益低于注册资本；

③最近1个会计年度经审计的股东权益扣除注册会计师和有关部门不予确认的部分后，低于注册资本；

④注册会计师对最近1个会计年度的财产报告出具无法表示意见或否定意见的审计报告；

⑤最近一份经审计的财务报告对上年度利润进行调整，导致连续2个会计年度亏损；

⑥经交易所或中国证监会认定为财务状况异常的。"其他状况异常"是指自然灾害、重大事故等导致生产经营活动基本中止，公司涉及的可能赔偿金额超过公司净资产的诉讼等情况。

在上市公司的股票交易被实行特别处理期间，其股票交易遵循下列规则：

①股票报价日涨跌幅限制为5%；

②股票名称改为原股票名前加"ST"；

③上市公司的中期报告必须经过审计。

（三）上市公司的股票发行

上市的股份有限公司在证券市场上发行股票，包括公开发行和非公开发行两种类型。公开发行股票又分为首次上市公开发行股票和上市公开发行股票，非公开发行即向特定投资者发行，也叫定向发行。

1.首次上市公开发行股票

首次上市公开发行股票（Initial Public Offering，IPO），是指股份有限公司对社会公开发行股票并上市流通和交易。实施IPO的公司，应当符合中国证监会颁布的《首次公开发行股票并上市管理办法》规定的相关条件，并经中国证监会核准。

实施IPO的基本程序是：①前期准备；②建立股份公司；③上市辅导；④制作申请文件；⑤交易所/证监会审核；⑥证监会注册/核准；⑦询价发行上市；⑧持续督导。

2.上市公开发行股票

上市公开发行股票，是指股份有限公司已经上市后，通过证券交易所在证券市场上对社会公开发行股票。上市公司公开发行股票，包括增发和配股两种方式。其中，增发是指增资发行，即上市公司向社会公众发售股票的再融资方式，而配股是指上市公司向原有股东配售发行股票的再融资方式。增发和配股也应符合证监会规定的条件，并经过证监会的核准。

3.非公开发行股票

上市公司非公开发行股票，是指上市公司采用非公开方式，向特定对象发行股票的行为，也叫定向募集增发。其目的往往是引入该机构的特定能力，如管理、渠道等。定向增发的对象可以是老股东，也可以是新投资者。总之，定向增发完成之后，公司的股权结构往往会发生较大变化，甚至发生控股权变更的情况。

在公司设立时，上市公开发行股票与非上市不公开发行股票相比较，上市公开发行股票方式的发行范围广，发行对象多，易于足额筹集资本，同时还有利于提高公司的知名度。但公开发行方式审批手续复杂严格，发行成本高。在公司设立后再融资时，上市公司定向增发和非上市公司定向增发相比较，上市公司定向增发优势在于：①有利于引入战略投资者和机构投资者；②有利于利用上市公司的市场化估值溢价，将母公司资产通过资本市场放大，从而提升母公司的资产价值；③定向增发是一种主要的并购手段，特别是资产并购型定向增发，有利于集团企业整体上市，并同时减轻并购的现金流压力。

（四）引入战略投资者

1.战略投资者的概念与要求

我国在新股发行中引入战略投资者，允许战略投资者在公司发行新股中参与配售。按照证监会的规则解释，战略投资者是指与发行人具有合作关系或有合作意向和潜力，与发行公司业务联系紧密且欲长期持有发行公司股票的法人。从国外风险投资机构对战略投资者的定义来看，一般认为战略投资者是能够通过帮助公司融资、提供营销与销售支持的业务，或通过个人关系增加投资价值的公司或个人投资者。

一般来说，作为战略投资者的基本要求是：①要与公司的经营业务联系紧密；②要出于长期投资目的而较长时期地持有股票；③要具有相当的资金实力，且持股数量较多。

2.引入战略投资者的作用

战略投资者具有资金、技术、管理、市场、人才等方面的优势，能够增强企业的核心竞争力和创新能力。上市公司引入战略投资者，使其能够和上市公司之间形成紧密的、伙伴式的合作关系，并由此增强公司经营实力、提高公司管理水平、改善公司治理结构。因此，对战略投资者的基本资质条件要求是：拥有比较雄厚的资金、核心的技术、先进的管理等，同时要有较好的实业基础和较强的投融资能力。

（1）提升公司形象，提高资本市场认同度

战略投资者往往都是实力雄厚的境内外大公司、大集团，甚至是国际、国内500强，他们对公司股票的认购，是对公司潜在未来价值的认可和期望。

（2）优化股权结构，健全公司法人治理

战略投资者在公司占一定股权份额并长期持股，能够分散公司控制权，战略投资者参与公司管理，能够改善公司治理结构。战略投资者带来的不仅是资金和技术，更重要的是能带来先进的管理水平和优秀的管理团队。

（3）提高公司资源整合能力，增强公司的核心竞争力

战略投资者往往都有较好的实业基础，能够带来先进的工艺技术和广阔的产品营销市场，并致力于长期投资合作，能够促进公司产品结构和产业结构的调整升级，有助于形成产业集群，整合公司的经营资源。

（4）达到阶段性的融资目标，加快实现公司上市融资的进程

战略投资者具有较强的资金实力，并与发行人签订有关配售协议，长期持有发行人股票，能够为新上市的公司提供长期稳定的资本，帮助上市公司用较低的成本融得较多的资金，提高了公司的融资效率。

从现有情况来看，目前我国上市公司确定战略投资者还处于募集资金最大化的实用原则阶段。谁的申购价格高，谁就能成为战略投资者，管理型、技术型的战略投资者还很少见。资本市场中的战略投资者，目前多是追逐持股价差、有较大承受能力的股票持有者，一般都是大型证券投资机构。

三、留存收益投资

（一）留存收益的性质

从性质上看，企业通过合法有效地经营所实现的税后净利润，都属于企业的所有者。

企业将本年度的利润部分甚至全部留存下来的原因很多，主要包括：第一，收益的确认和计量是建立在权责发生制基础上的，企业有利润，但企业不一定有相应的现金净流量增加，因而企业不一定有足够的现金将利润全部或部分派给所有者。第二，法律法规从保护债权人利益和要求企业可持续发展等角度出发，限制企业将利润全部分配出去。《公司法》规定，企业每年的税后利润，必须提取10%的法定盈余公积金。第三，企业基于自身扩大再生产和筹资的需求，也会将一部分利润留存下来。

（二）留存收益的筹资途径

1.提取盈余公积金

盈余公积金，是指有指定用途的留存净利润。盈余公积金是从当期企业净利润中提取的积累资金，其提取基数是本年度的净利润。盈余公积金主要用于企业未来的经营发展，经投资者审议后也可以用于转增股本（实收资本）和弥补以前年度经营亏损，但不得用于以后年度的对外利润分配。

2.未分配利润

未分配利润，是指未限定用途的留存净利润。未分配利润有两层含义：第一，这部分净利润本年没有分配给公司的股东投资者；第二，这部分净利润未指定用途，可以用于企业未来的经营发展、转增资本（实收资本）、弥补以前年度的经营亏损及以后年度的利润分配。

（三）留存收益投资的特点

1.不用发生筹资费用

企业从外界筹集长期资本，与普通股筹资相比较，留存收益筹资不需要发生筹资费用，资本成本较低。

2.维持公司的控制权分布

利用留存收益筹资，不用对外发行新股或吸收新投资者，由此增加的权益资本不会改变公司的股权结构，不会稀释原有股东的控制权。

3.筹资数额有限

留存收益的最大数额是企业当期的净利润和以前年度未分配利润之和，不像外部筹资一次性可以筹集大量资金。如果企业发生亏损，那么当年就没有利润留存。另外，股东和投资者从自身期望出发，往往希望企业每年发放一定的利润，保持一定的利润分配比例。

第三节　负债资金筹集

一、银行借款

（一）银行借款的种类

1.按提供贷款的机构，分为政策性银行贷款、商业性银行贷款和其他金融机构贷款

政策性银行贷款是指执行国家政策性贷款业务的银行向企业发放的贷款，通常为长期贷款。如国家开发银行贷款，主要满足企业承建国家重点建设项目的资金需要；中国进出口信贷银行贷款，主要为大型设备的进出口提供的买方信贷或卖方信贷；中国农业发展银行贷款，主要用于确保国家对粮、棉、油等政策性收购资金的供应。

商业性银行贷款是指由各商业银行，如中国工商银行、中国建设银行、中国农业银行、中国银行等，向工商企业提供的贷款，用以满足企业生产经营的资金需要，包括短期贷款和长期贷款。

其他金融机构贷款，包括如从信托投资公司取得实物或货币形式的信托投资贷款，从财务公司取得的各种中长期贷款，从保险公司取得的贷款等。其他金融机构的贷款一般较商业银行贷款的期限要长，要求的利率较高，对借款企业的信用要求和担保的选择比较严格。

2.按机构对贷款有无担保要求，分为信用贷款和担保贷款

信用贷款是指以借款人的信誉或保证人的信用为依据而获得的贷款。企业取得这种贷款，无须以财产作抵押。对于这种贷款，由于风险较高，银行通常要收取较高的利息，往往还附加一定的限制条件。

担保贷款是指由借款人或第三方依法提供担保而获得的贷款。担保包括保证责任、财务抵押、财产质押，由此，担保贷款包括保证贷款、抵押贷款和质押贷款。

保证贷款是指按《担保法》规定的保证方式，以第三人作为保证人承诺在借款人不能偿还借款时，按约定承担一定保证责任或连带责任而取得的贷款。

抵押贷款是指按《担保法》规定的抵押方式，以借款人或第三人的财产作为抵押物而取得的贷款。抵押是指债务人或第三人不转移财产的占有，将该财产作为债权的担保，债务人不履行债务时，债权人有权将该财产折价或者以拍卖、变卖的价款优先受偿。作为贷款担保的抵押品，可以是不动产、机器设备、交通运输工具等实物资产，可以是依法有权处分的土地使用权，也可以是股票、债券等有价证券，它们必须是能够变现的资产。如果

贷款到期借款企业不能或不愿偿还贷款，银行可取消企业对抵押品的赎回权。抵押贷款有利于降低银行贷款的风险，提高贷款的安全性。

质押贷款是指按《担保法》规定的质押方式，以借款人或第三人的动产或财产权利作为质押物而取得的贷款。质押是指债务人或第三人将其动产或财产权利移交给债权人占有，将该动产或财务权利作为债权的担保，债务人不履行债务时，债权人有权以该动产或财产权利折价或者以拍卖、变卖的价款优先受偿。作为贷款担保的质押品，可以是汇票、支票、债券、存款单、提单等信用凭证，可以是依法可以转让的股份、股票等有价证券，也可以是依法能够转让的商标专用权、专利权、著作权中的财产权等。

3.按企业取得贷款的用途，分为基本建设贷款、专项贷款和流动资金贷款

基本建设贷款是指企业因从事新建、改建、扩建等基本建设项目需要资金而向银行申请借入的款项。

专项贷款是指企业因为专门用途而向银行申请借入的款项，包括更新改造技改贷款、大修理贷款、研发和新产品研制贷款、小型技术措施贷款、出口专项贷款、引进技术转让费周转金贷款、进口设备外汇贷款、进口设备人民币贷款及国内配套设备贷款等。

流动资金贷款是指企业为满足流动资金的需求而向银行申请借入的款项，包括流动基金借款、生产周转借款、临时借款、结算借款和卖方信贷。

（二）银行借款的程序

1.提出申请

企业根据筹资需求向银行书面申请，按银行要求的条件和内容填报借款申请书。

2.银行审批

银行按照有关政策和贷款条件，对借款企业进行信用审查，依据审批权限，核准公司申请的借款金额和用款计划。银行审查的主要内容是：公司的财务状况；信用情况；盈利的稳定性；发展前景；借款投资项目的可行性；抵押品和担保情况。

3.签订合同

借款申请获批准后，银行与企业进一步协商贷款的具体条件，签订正式的借款合同，规定贷款的数额、利率、期限和一些约束性条款。

4.取得借款

借款合同签订后，企业在核定的贷款指标范围内，根据用款计划和实际需要，一次或分次将贷款转入企业的存款结算户，以便企业使用。

二、发行债券

企业债券又称公司债券，是企业依照法定程序发行的、约定在一定期限内还本付息的

有价证券。债券是持有人拥有公司债权的书面证书，它代表持券人同发债公司之间的债权债务关系。

（一）发行债券的条件与种类

1.发行债券的条件

在我国，根据《公司法》的规定，股份有限公司、国有独资公司和两个以上的国有公司或者两个以上的国有投资主体投资设立的有限责任公司，具有发行债券的资格。

根据《证券法》规定，公开发行公司债券，应当符合下列条件：（1）股份有限公司的净资产不低于人民币3000万元，有限责任公司的净资产不低于人民币6000万元；（2）累计债券余额不超过公司净资产的40%；（3）最近3年平均可分配利润足以支付公司债券1年的利息；（4）筹集的资金投向符合国家产业政策；（5）债券的利率不超过国务院限定的利率水平；（6）国务院规定的其他条件。

公开发行公司债券筹集的资金，必须用于核准的用途，不得用于弥补亏损和非生产性支出。

根据《证券法》规定，公司申请公司债券上市交易，应当符合下列条件。

（1）公司债券的期限为1年以上；（2）公司债券实际发行额不少于人民币5000万元；（3）公司申请债券上市时仍符合法定的公司债券发行条件。

2.公司债券的种类

（1）按是否记名，分为记名债券和无记名债券

记名债券，应当在公司债券存根簿上载明债券持有人的姓名及住所、债券持有人取得债券的日期及债券的编号等债券持有人信息。记名债券，由债券持有人以背书方式或者法律、行政法规规定的其他方式转让；转让后由公司将受让人的姓名或者名称及住所记载于公司债券存根簿。

无记名债券，应当在公司债券存根簿上载明债券总额、利率、偿还期限和方式、发行日期及债券的编号。无记名债券的转让，由债券持有人将该债券交付给受让人后即发生转让的效力。

（2）按是否能够转换成公司股权，分为可转换债券与不可转换债券

可转换债券，债券持有者可以在规定的时间内按规定的价格转换为发债公司的股票。这种债券在发行时，对债券转换为股票的价格和比率等都做了详细规定。《公司法》规定，可转换债券的发行主体是股份有限公司中的上市公司。

不可转换债券，是指不能转换为发债公司股票的债券，大多数公司债券属于这种类型。

（3）按有无特定财产担保，分为担保债券和信用债券

担保债券是指以抵押方式担保发行人按期还本付息的债券，主要是指抵押债券。抵押债券按其抵押品的不同，又分为不动产抵押债券、动产抵押债券和证券信托抵押债券。

信用债券是无担保债券，是仅凭公司自身的信用发行的、没有抵押品作抵押担保的债券。在公司清算时，信用债券的持有人因无特定的资产作担保品，只能作为一般债权人参与剩余财产的分配。

（二）发行债券的程序

1.作出决议

公司发行债券要由董事会制订方案，股东大会作出决议。

2.提出申请

我国《公司法》规定，公司申请发行债券由国务院证券管理部门批准。证券管理部门按照国务院确定的公司债券发行规模，审批公司债券的发行。公司申请应提交公司登记证明、公司章程、公司债券募集办法、资产评估报告和验资报告。

3.公告募集办法

企业发行债券的申请经批准后，向社会公告债券募集办法。公司债券分私募发行和公募发行，私募发行是以特定的少数投资者为对象发行债券，而公募发行则是在证券市场上以非特定的广大投资者为对象公开发行债券。

4.委托证券经营机构发售

公募间接发行是各国通行的公司债券发行方式，在这种发行方式下，发行公司与承销团签订承销协议。承销团由数家证券公司或投资银行组成，承销方式有代销和包销两种。代销是指承销机构代为推销债券，在约定期限内未售出的余额可退还发行公司，承销机构不承担发行风险。包销是由承销团先购入发行公司拟发行的全部债券，然后再售给社会上的投资者，如果约定期限内未能全部售出，余额要由承销团负责认购。

5.交付债券，收缴债券款，登记债券存根簿

发行债券通常不需经过填写认购证过程，由债券购买人直接向承销机构付款购买，承销单位付给企业债券。然后，发行公司向承销机构收缴债券款并结算代理费及预付款项。

（三）债券发行价格的确定

1.债券的发行价格

债券的发行价格，是指债券原始投资者购入债券时应支付的市场价格，它与债券的面值可能一致也可能不一致。在实务中，公司债券的发行价格通常有三种情况：溢价发行、平价发行、折价发行。

溢价发行：指按高于债券面额的价格发行债券。

平价发行：指以债券的票面金额作为发行价格。

折价发行：指按低于债券面额的价格发行债券。

2.影响债券发行价格的因素

（1）债券面值

债券的票面金额是决定债券发行价格的最基本因素。债券发行价格的高低，从根本上取决于债券面额的大小。一般而言，债券面额越大，发行价格越高。但是，如果不考虑利息因素，债券面额是债券到期价值，即债券的未来价值，而不是债券的现在价值，即发行价格。

（2）票面利率

债券的票面利率是债券的名义利率，通常在发行债券之前即已确定，并注明于债券票面上。一般而言，债券的票面利率越高，发行价格越高；反之，发行价格越低。

（3）市场利率

债券发行时的市场利率是衡量债券票面利率高低的参照系，两者往往不一致，因此共同影响债券的发行价格。一般来说，债券的市场利率越高，债券的发行价格越低；反之越高。

（4）债券期限

同银行借款一样，债券的期限越长，债权人的风险越大，要求的利息报酬越高，债券的发行价格就可能较低；反之，可能较高。

（四）债券的偿还

债券偿还时间按其实际发生与规定的到期日之间的关系，分为提前偿还与到期偿还两类，其中后者又包括分批偿还和一次偿还两种。

1.提前偿还

提前偿还又称提前赎回或收回，是指在债券尚未到期之前就予以偿还。只有在公司发行债券的契约中明确规定了有关允许提前偿还的条款，公司才可以进行此项操作。提前偿还所支付的价格通常要高于债券的面值，并随到期日的临近而逐渐下降。具有提前偿还条款的债券可使公司筹资有较大的弹性。当公司资金有结余时，可提前赎回债券；当预测利率下降时，也可提前赎回债券，而后以较低的利率来发行新债券。

2.分批偿还

如果一个公司在发行同一种债券的当时就为不同编号或不同发行对象的债券规定了不同的到期日，这种债券就是分批偿还债券。因为各批债券的到期日不同，它们各自的发行价格和票面利率也可能不相同，从而导致发行费较高；但由于这种债券便于投资人挑选最合适的到期日，因而便于发行。

3.一次偿还

到期一次偿还的债券是最为常见的。

三、融资租赁

租赁，是指通过签订资产出让合同的方式，使用资产的一方（承租方）通过支付租金，向出让资产的一方（出租方）取得资产使用权的一种交易行为。在这项交易中，承租方通过得到所需资产的使用权，完成了筹集资金的行为。

（一）租赁的特征与分类

1.租赁的基本特征

（1）所有权与使用权相分离

租赁资产的所有权与使用权分离是租赁的主要特点之一。银行信用虽然也是所有权与使用权相分离，但载体是货币资金，租赁则是资金与实物相结合基础上的分离。

（2）融资与融物相结合

租赁是以商品形态与货币形态相结合提供的信用活动，出租人在向企业出租资产的同时，解决了企业的资金需求，具有信用和贸易双重性质。它不同于一般的借钱还钱、借物还物的信用形式，而是借物还钱，并以分期支付租金的方式来体现。租赁的这一特点将银行信贷和财产信贷融合在一起，成为企业融资的一种新形式。

（3）租金的分期回流

在租金的偿还方式上，租金与银行信用到期还本付息不一样，采取了分期回流的方式。出租方的资金一次投入，分期收回。对于承租方而言，通过租赁可以提前获得资产的使用价值，分期支付租金便于分期规划未来的现金流出量。

2.租赁的分类

租赁分为经营租赁和融资租赁。

经营租赁是由租赁公司向承租单位在短期内提供设备，并提供维修、保养、人员培训等的一种服务性业务，又称服务性租赁。经营租赁的特点主要是：（1）出租的设备一般由租赁公司根据市场需要选定，然后再寻找承租企业。（2）租赁期较短，短于资产的有效使用期，在合理的限制条件内承租企业可以中途解约。（3）租赁设备的维修、保养由租赁公司负责。（4）租赁期满或合同中止以后，出租资产由租赁公司收回。经营租赁比较适用于租用技术过时较快的生产设备。

融资租赁是由租赁公司按承租单位要求出资购买设备，在较长的合同期内提供给承租单位使用的融资信用业务，它是以融通资金为主要目的的租赁。融资租赁的主要特点是：（1）出租的设备由承租企业提出要求购买，或者由承租企业直接从制造商或销售商那里选定。（2）租赁期较长，接近于资产的有效使用期，在租赁期间双方无权取消合同。（3）由承租企业负责设备的维修、保养。（4）租赁期满，按事先约定的方法处理设备，包括退还租赁公司，或继续租赁，或企业留购。通常采用企业留购办法，即以很少的"名义价格"（相当于设备残值）买下设备。

（二）融资租赁的基本程序与形式

1.融资租赁的基本程序

（1）选择租赁公司，提出委托申请

当企业决定采用融资租赁方式以获取某项设备时，需要了解各个租赁公司的资信情况、融资条件和租赁费率等，分析比较选定一家作为出租单位。然后，向租赁公司申请办理融资租赁。

（2）签订购货协议

由承租企业和租赁公司中的一方或双方，与选定的设备供应厂商进行购买设备的技术谈判和商务谈判，在此基础上与设备供应厂商签订购货协议。

（3）签订租赁合同

承租企业与租赁公司签订租赁设备的合同，如需要进口设备，还应办理设备进口手续。租赁合同是租赁业务的重要文件，具有法律效力。融资租赁合同的内容可分为一般条款和特殊条款两部分。

（4）交货验收

设备供应厂商将设备发运到指定地点，承租企业要办理验收手续。验收合格后签发交货及验收证书交给租赁公司，作为其支付货款的依据。

（5）定期交付租金

承租企业按租赁合同规定，分期缴纳租金，这也就是承租企业对所筹资金的分期还款。

（6）合同期满处理设备

承租企业根据合同约定，对设备续租、退租或留购。

2.融资租赁的基本形式

（1）直接租赁

直接租赁是融资租赁的主要形式，承租方提出租赁申请时，出租方按照承租方的要求选购，然后再出租给承租方。

（2）售后回租

售后回租是指承租方由于急需资金等各种原因，将自己资产售给出租方，然后以租赁的形式从出租方原封不动地租回资产的使用权。在这种租赁合同中，除资产所有者的名义改变之外，其余情况均无变化。

（3）杠杆租赁

杠杆租赁是指涉及承租人、出租人和资金出借人三方的融资租赁业务。一般来说，当所涉及的资产价值昂贵时，出租方自己只投入部分资金，通常为资产价值的20%～40%，其余资金则通过将该资产抵押担保的方式，向第三方（通常为银行）申请贷款解决。租赁公司然后将购进的设备出租给承租方，用收取的租金偿还贷款，该资产的所有权属于出租方。出租人既是债权人也是债务人，如果出租人到期不能按期偿还借款，资产所有权则转移给资金的出借者。

四、商业信用

商业信用是指企业在正常的经营活动和商品交易中由于延期付款或预收账款所形成的企业常见的信贷关系。

（一）商业信用形式

1.应付账款

应付账款是供应商给企业提供的一个商业信用。由于购买者往往在到货一段时间后才付款，商业信用就成为企业短期资金来源。如企业规定对所有账单均见票后若干日付款，商业信用就成为随生产周转而变化的一项内在的资金来源。当企业扩大生产规模，其进货和应付账款相应增长，商业信用就提供了增产需要的部分资金。

商业信用条件常包括以下两种：（1）有信用期，但无现金折扣。如"N/30"表示30天内按发票金额全数支付。（2）有信用期和现金折扣，如"2/10，N/30"表示10天内付款享受现金折扣2%，若买方放弃折扣，30天内必须付清款项。

供应商在信用条件中规定有现金折扣，目的主要在于加速资金回收。企业在决定是否享受现金折扣时，应仔细考虑。通常，放弃现金折扣的成本是高昂的。

（1）放弃现金折扣的信用成本

倘若买方企业购买货物后在卖方规定的折扣期内付款，可以获得免费信用，这种情况下企业没有因为取得延期付款信用而付出代价。例如，某应付账款规定付款信用条件为"2/10，N/30"，是指买方在10天内付款，可获得2%的付款折扣，若在10～30天内付款，则无折扣；允许买方付款期限最长为30天。

（2）放弃现金折扣的信用决策

企业放弃应付账款现金折扣的原因，可能是企业资金暂时的缺乏，也可能是基于将应付的账款用于临时性短期投资，以获得更高的投资收益。如果企业将应付账款额用于短期投资，所获得的投资报酬率高于放弃折扣的信用成本率，则应当放弃现金折扣。

2.应计未付款

应计未付款是企业在生产经营和利润分配过程中已经计提但尚未以货币支付的款项。主要包括应付工资、应缴税金、应付利润或应付股利等。以应付工资为例，企业通常以半月或月为单位支付工资，在应付工资已计但未付的这段时间，就会形成应计未付款。它相当于职工给企业的一个信用。应缴税金、应付利润或应付股利也有类似的性质。应计未付款随着企业规模的扩大而增加，企业使用这些自然形成的资金无须付出任何代价。但企业不是总能控制这些款项，因为其支付是有一定时间的，企业不能总拖欠这些款项。所以，企业尽管可以充分利用应计未付款，但并不能控制这些账目的水平。

3.预收货款

预收货款是指销货单位按照合同和协议规定，在发出货物之前向购货单位预先收取部分或全部货款的信用行为。购买单位对于紧俏商品往往乐于采用这种方式购货；销货方对于生产周期长、造价较高的商品，往往采用预收货款的方式销货，以缓和本企业资金占用过多的矛盾。

（二）商业信用条件

商业信用条件是销货企业要求赊购客户支付货款的条件，包括信用期限、折扣期限和现金折扣。信用期限是企业为顾客规定的最长付款时间，折扣期限是为顾客规定的可享受现金折扣的付款时间，现金折扣是在顾客提前付款时给予的优惠。

商业信用从总体上来看，具体有以下几种形式。

1.免费信用，是指买方企业在规定的折扣期内享受折扣而获得的信用。

2.有代价信用，买方企业放弃折扣付出代价而获得的信用。

3.展延信用，买方企业超过规定的信用期推迟付款而强制获得的信用。

（三）放弃现金折扣的机会成本

现金折扣是供应商销售产品时为鼓励客户及早付款而采取的一种措施。企业购买材料时，如果在规定的日期内付款，则可享受折扣从而获得收益；如果企业在规定的日期后付款，则不能享受折扣，这就意味着企业因选择在规定的日期后付款而丧失的收益，就是机会成本。

企业筹资是指企业为了满足其经营活动、投资活动、资本结构调整等需要，运用一定的筹资方式，筹措和获取所需资金的一种行为。

按企业所取得资金的权益特性不同，企业筹资分为股权筹资、债务筹资及衍生工具筹资三类，这也是企业筹资最常见的分类方法。

按其是否以金融机构为媒介，企业筹资分为直接筹资和间接筹资。

按资金的来源范围不同，企业筹资分为内部筹资和外部筹资。

按所筹得资金的使用期限不同，企业筹资分为长期筹资和短期筹资。

资金的需要量是筹资数量的依据，必须科学合理地进行预测。销售百分比法，将反映生产经营规模的销售因素与反映占用资产因素连接起来，根据销售与资产之间的数量比例关系，预计企业的外部筹资需要量。资金习性预测法是根据资金习性预测未来资金需要量的一种方法，是指资金的变动同产销量变动之间的依存关系。

股权筹资形成企业的股权资金，也称为权益资本，是企业最基本的筹资方式。股权筹资又包括吸收直接投资、发行股票和利用留存收益三种主要形式，此外，我国上市公司引入战略投资者的行为，也属于股权筹资的范畴。

股权筹资的优点：股权筹资是企业稳定的资本基础、良好的信誉基础、企业财务风险小。缺点：资本成本负担较重，容易分散企业的控制权，信息沟通与披露成本较大。

债务筹资主要是企业通过向银行借款、向社会发行公司债券融资租赁以及除购商品或劳务等方式筹集和取得的资金。向银行借款、发行债券、融资租赁和商业信用，是债务筹资的基本形式。

债务筹资的优点：筹资速度快，筹资弹性大，资本成本负担较轻，可以利用财务杠杆，稳定公司的控制权。债务筹资的缺点：不能形成企业稳定的资本基础，财务风险较大，筹资数额有限。

第三章 企业投资管理

第一节 企业投资管理概述

一、投资管理概述

对外投资是指企业在符合国家有关政策法规的前提下，以现金、实物、无形资产或购买股票、债券等有价证券方式向其他单位投资。

（一）企业对外投资的主要原因

1.企业在经营过程中存在闲置资金

为了提高资金的使用效益，企业须积极寻找对外投资的机会，如购买股票等短期投资，最终目的是获得高于银行存款利率的投资收益率。

2.分散资金投向，降低投资风险

现代企业资本管理的一项重要原则是使资本分散化，以便降低风险、控制风险。

3.稳定与客户的关系，保证正常的生产经营

企业为获得稳定的原材料来源，必须与原材料供应商保持良好的业务关系，可通过购买有关企业的股票，或向有关企业投入一定量的资金，控制或影响其经营活动。

（二）对外投资的分类

第一，按照对外投资的目的及期限划分。对外投资按其目的和期限的长短不同划分为短期投资和长期投资，这是对外投资最基本的分类。

第二，按照投资的性质及形式划分。对外投资按其性质和形式不同，可分为有价证券投资和其他投资。

第三，按照投资的经济内容划分。对外投资按其经济内容的不同可分为货币资金投资、实物资产出资、无形资产投资。

（三）对外投资政策

1.确定投资目标

企业根据经营总目标，结合自身的实际情况，确定投资目标、选择投资客体即确定向谁投资、投资于何项目等。

2.选择投资类型

企业根据投资目标，选择进行短期投资还是长期投资；是有价证券投资还是其他投资；是用现金、实物资产出资还是用无形资产投资等。

3.进行可行性研究，选择最佳方案

企业应围绕投资目标，提出各种可行性方案，并对投资方案的收益、风险等进行全面分析、综合评价，从中选择最优方案。

4.组织投资方案的实施

当投资项目完成或在投资项目执行中，要用科学的方法，对投资业绩进行评价。通过评价，总结经验教训，及时反馈各种信息，为以后投资决策提供依据，并适当调整原有投资对象，以利于实现投资目标。

二、投资的作用

投资是指企业投入财力，以期望在未来获取收益的一种行为。投资是企业财务活动的重要环节，企业通过投资活动选择所需的生产要素，并将其有效地进行整合，致力于创造出更大的价值，因此，投资可以说是企业价值的源泉，其作用表现在以下几个方面。

（一）投资是企业生存和发展的直接动力

一个企业从产生到维系其简单再生产是一个企业生存的基本前提，而投资为企业的生存提供了物质保证，使企业设备得以更新，产品与工艺得以改进；职工的文化科学水平、管理水平得以提高；同时，投资也是企业发展的必要前提，企业为增强在市场上的竞争能力，必须扩大生产经营规模，没有投资的增加，企业则无从扩张，因此，投资直接推动了企业的成长与发展。

（二）投资是降低企业风险的重要方法

企业把资金投向生产经营中的关键、薄弱的环节，可以使企业各种生产经营能力配套、平衡，提高企业的综合能力。企业若将资金投入主业以外的行业或产品，可以调整企业的产品结构，形成多样化经营，增强企业销售和盈余的稳定性，降低企业生产经营的风险。

（三）投资是实现财务管理目标的基本前提

企业财务管理的目标是使企业价值最大化。为此，企业必须采取各种措施增加利润，降低风险，而这一切必须依赖一定数量的资金。企业通过投资形成各种资产，并有效地组织生产经营，才能实现利润。

三、投资的分类

按照不同的标准，投资可以做如下分类。

（一）按投资与企业生产经营的关系不同，可分为直接投资和间接投资

直接投资是指把资金投放于生产经营性资产，以便获取利润的投资，也称为项目投资，如购置设备、兴建工厂等。间接投资又称证券投资，是指把资金投放于证券等金融资产，以便取得股利或利息收入的投资，包括企业对政府债券（国库券、建设债券）、企业债券、股票、金融债券及票据等方面的投资。

（二）按投资期限不同，可分为短期投资和长期投资

短期投资是指投资期限在一年以内的投资，主要包括应收账款、存货、短期有价证券等的投资。短期投资又称流动资产投资或营运资金投资。短期投资是企业为保证日常生产经营活动的正常运行而进行的投资，具有时间短、变现力强、波动性大等特点。

长期投资是指投资期限在一年以上的投资，主要包括企业对厂房、设备等固定资产的投资，也包括企业对长期有价证券（长期持有的股票、债券等）和无形资产的投资。

（三）按投资范围不同，可分为对内投资和对外投资

对内投资又称内部投资，是指把资金投在企业内部，购置各种生产经营用资产的投资，包括直接形成或提高企业生产经营能力的固定资产和流动资产投资，属于直接投资范畴。

对外投资是指企业将其资产投放于企业外部的投资活动。企业既可以以现金、实物、无形资产等形式对其他企业进行直接投资，也可以以购买股票、债券等有价证券方式向其他单位进行间接投资。在直接对外投资中，企业根据出资比例或合同规定，在接受投资的单位中享有相应的权利并承担相应的义务。在对外间接投资中，企业通过有价证券等投资获得收益，并承担证券波动带来的风险。

（四）按投资的风险程度不同，可分为确定性投资和风险性投资

确定性投资是指投资风险小，对未来收益可以进行相当准确的预测的投资，如企业的设备更新改造等，企业进行这类投资决策时，因风险小而暂时不考虑风险对投资项目的影响。

风险性投资是指投资风险大，未来收益难以准确预测的投资，如开发新产品等。这类投资决策一定要充分估计到风险对投资项目的影响，采用科学的分析方法，作出正确的投资决策。

第二节　项目投资管理

一、项目投资的概念与特点

（一）项目投资的概念

项目投资是以特定项目为投资对象，直接与新建项目或更新改造项目有关的长期投资行为。

（二）项目投资的特点

①投资数额大。项目投资所形成的资产往往是固定资产，对企业未来的现金流量和财务状况具有重大影响，一般需要较大数额的资金投入。

②影响时间长。项目投资后往往需要数年，甚至数十年才能收回投资，对企业未来的经济效益影响时间长。

③变现能力差。项目投资的对象往往是长期资产，其变现能力较差。

④投资风险大。由于项目投资数额大，对企业影响时间长，变现能力差，所以，一旦投资失误，会给企业造成巨大的损失。

二、项目投资的程序

（一）投资项目的提出

一般是企业的高级管理层根据企业的中长期发展规划和投资环境，在适时把握投资机会的前提下提出的。

（二）投资项目的评价

在对投资项目所处的环境、市场、技术和生产可行性分析评价的基础上，拟订达到目标的各种可能的备选方案。为每个备选方案收集相关、充分的各种资料，其中有关预期成本和预期收入的数据要尽量全面、可靠，运用科学的理论和方法，计算项目评估指标，并进行分析比较，提交项目可行性分析报告。

（三）投资项目的决策

在项目可行性分析的基础上，对可供选择的多个投资方案进行分析比较，由决策者作出决策，接受或拒绝投资或重新调研。投资决策的重要依据是投资决策指标，但并不是投资决策的全部依据。由于选择实质上是对未来状况的判断，因此，它在很大程度上取决于决策者自身的经验和判断能力，有赖于决策者的"企业家素质"。对于投资额特别巨大的，需要由董事会或股东大会表决决定。

（四）投资项目的执行

对于决定投资的项目，要积极筹措投资项目所需资金，严密实施项目执行过程的控制，保证项目按预算规定完成。

（五）投资项目的再评价

投资项目的再评价，即在执行过程中，如果情况发生重大变化，应具体问题具体分析，作出新的评价，调整投资行为，以避免损失。

三、现金流量

（一）现金流量的含义及作用

现金流量是指一个项目引起的企业现金支出和现金收入增加的数量。这里的"现金"是广义的现金，它不仅包括各种货币资金，而且包括项目需要投入的企业现有的非货币资源的变现价值。财务管理以现金流量作为项目投资的重要价值信息，主要是因为：

第一，现金流量信息所揭示的未来期间现实货币资金收支运动，可以序时动态地反映项目投资的流向与回收之间的投入产出关系，使决策者处于投资主体的立场上，便于更完整、准确、全面地评价具体投资项目的经济效益。

第二，利用现金流量指标代替利润指标作为反映项目效益的信息，可以摆脱在贯彻财务会计的权责发生制时必然面临的困境，即由于不同的投资项目可能采取不同的固定资产折旧方法、存货估价方法或费用摊配方法，从而导致不同方案的利润信息相关性差、透明度不高和可比性差。

第三，利用现金流量信息，排除了非现金收付内部周转的资本运动形式，从而简化了有关投资决策评价指标的计算过程。

第四，由于现金流量信息与项目计算期的各个时点密切结合，有助于在计算投资决策评价指标时，应用资金时间价值的形式进行动态投资效果的综合评价。

（二）现金流量的内容

现金流域可以分为现金流出量、现金流入量和现金净流量。

1.现金流出量

现金流出量是指该投资项目引起的企业现金支出的增加额。例如，企业购置一条生产线，一般会引起以下几项现金流出量：

①购置生产线的价款。该笔价款可能是一次性支出，也可能是分几次支出。

②生产线的维护、修理等费用。在该生产线的整个使用期限内，会为了保持生产能力而发生各种维护、修理费用。这些费用应该作为购置生产线的现金流出量。

③垫支流动资金。由于购置该生产线扩大了企业的生产能力，引起对流动资产需求的增加。企业需要追加的流动资金，也是购置该生产线引起的，应该作为购置生产线的现金流出量。

2.现金流入量

现金流入量是指该投资项目引起的企业现金收入的增加额。例如，企业购置一条生产线，通常会引起下列现金流入量：

①营业现金流入。购置生产线扩大企业的生产能力，使企业销售收入增加，扣除有关的付现成本增量后的余额，就是该生产线引起的一项现金流入。其计算公式为：

营业现金流入＝营业收入－付现成本

付现成本是相对于非付现成本而言的，指的是每年需要支付现金的成本。不需要每年支付现金的成本称为非付现成本，主要是折旧费用。故可以用下列公式计算付现成本。

付现成本＝成本－折旧

企业每年增加的现金流入主要来自两个方面：取得的利润和折旧。因此，营业现金流入计算公式可形成：

营业现金流入＝营业收入－付现成本

　　　　　　＝营业收入－（成本－折旧）

　　　　　　＝利润＋折旧

②残值收入。生产设备中途出售或到期报废时的预计残值收入是由购置固定资产引起的现金流入量。

③收回的流动资金。该生产线寿命期终了或出售或报废时，企业可以相应减少流动资金垫支，收回的资金可以用于别处。因此，应将其作为该投资项目的一项现金流入量。

3.现金净流量

现金净流量是指一定期间现金流入量与现金流出量的差额。这里的"一定期间"，根据投资项目的决策需要而定，有时是指一年间，有时是指投资项目持续的整个有效年限内。一定期间的现金流入量大于现金流出量时，现金净流量为正值；反之，现金净流量为负值。

4.估算现金净流量应注意的问题

在估计项目投资引起的现金净流量时，要注意区分相关成本和非相关成本。

所谓相关成本是指与固定资产投资决策有关，在分析评价其财务可行性时必须考虑的成本。如差额成本、机会成本、未来成本、重置成本等都是相关成本。非相关成本是与固定资产投资决策无关的、在分析评价时不必考虑的成本，如历史成本、账面成本、沉没成本等。

在估计项目投资引起的现金净流量时，要重视机会成本。所谓机会成本是在备选方案中，选择一个最优方案，必须放弃其他投资方案，被放弃的方案所带来的潜在收益就是所选择方案的机会成本。例如，在固定资产更新改造的决策中，有两个备选方案，购置新设备和继续使用旧设备，如果选择继续使用旧设备，就必须放弃处置旧设备所取得的变现收益。那么放弃处置旧设备所取得的变现收益就是继续使用旧设备的机会成本。

当公司采纳一个新的投资项目后，可能对公司其他部门产生有利或不利影响。因此，公司在进行决策分析时，要考虑采用该投资方案对其他部门产生的影响。

（三）现金流量的计算

项目投资中的现金流量，一般可以分成三个阶段分别计算：投资现金流量、经营现金流量和项目终止现金流量。为了简化，在现金流量的计算中，一般都假定各年投资在年初一次进行，各年营业现金流量看作各年年末一次发生，把终结现金流量看作最后一年年末发生。

1.投资现金流量（初始现金流量）

投资现金流量包括投资在投资项目上的资金和投资在流动资产上的资金两部分。投资在流动资产上的资金一般假设当项目结束时将全部收回。这部分现金流量由于在会计上一般不涉及企业的利润，因此不受所得税的影响。

投资在项目上的资金有时是以企业原有的旧设备进行投资的。在计算投资现金流量时，一般是以设备的变现价值作为其现金流出量（但是该设备的变现价值通常并不与其折余价值相等）。另外还必须注意将这个投资项目作为一个独立的方案进行考虑，即假设企业如果将该设备出售可能得到的收入（设备的变现价值）以及企业由此而可能支付或减免的所得税，公式为：

投资现金流量＝投资在流动资产上的资金＋投资在固定资产上的资金

2.经营现金流量

经营现金流量是指固定资产项目投产后，在整个寿命期限内由于生产运营所发生的现金净流量，包括以下内容：

①营业现金收入；

②计提的折旧；

③付现营业成本；

④应缴纳的税金。

通常，营业现金流量按照年度估算，分别根据不同情况按照以下公式计算：

在不考虑所得税时：

现金净流量＝销售收入－付现成本

考虑所得税影响时：

现金净流量＝（销售收入－付现成本－折旧）×（1－税率）+折旧

　　　　　＝税后净利＋折旧

　　　　　＝税后收入－税后付现成本＋折旧 × 税率

3.项目终止现金流量（终结现金流量）

项目终止现金流量包括固定资产的残值收入和收回原投入的流动资金。在投资决策中，一般假设当项目终止时，将项目初期投入在流动资产上的资金全部收回。这部分收回的资金由于不涉及利润的增减，因此也不受所得税的影响。

固定资产的残值收入如果与预定的固定资产残值相同，那么在会计上也同样不涉及利润的增减，所以也不受所得税的影响。但是在实际工作中，最终的残值收入往往并不同于预定的固定资产残值，它们之间的差额会引起企业的利润增加或减少，因此在计算现金流量时，要注意不能忽视这部分的影响。项目终止现金流量计算公式为：

项目终止现金流量＝固定资产残值收入＋投入流动资金（实际残值收入－预定残值）×所得税率

第三节　证券投资管理

一、证券投资概述

（一）证券投资的概念及其种类

1.证券投资的概念

证券是指具有一定票面金额，代表财产所有权和债权，可以有偿转让的凭证，如股票和债券等，证券具有变现快、收益不确定和风险较大的特点。

2.证券投资种类

证券投资是指以购买有价证券（如股票、债券等）的方式对其他企业进行的投资。投资证券按其性质分为以下四类。

①债券投资

企业将资金投资于各种债券。债券是由发行企业或政府机构发行并规定还本付息的时间与金额的债务证书，包括国库券、金融债券和其他公司债券，表明企业拥有证券发行单位的债权。

②股票投资

企业将资金投资于其他企业发行的股票，表明企业拥有证券发行公司的所有权，如其他公司发行的普通股或优先股，其投资收益决定于发行公司的股利和股票市场价格。

③基金投资

企业将资金投资于购买各种基金股份或收益凭证，通过基金经理管理基金来降低投资风险，获取收益。

④证券组合投资

企业将资金同时投资于多种证券，以分散投资风险。

（二）证券投资的目的

不同的证券投资主体有不同的投资目的，同一投资者在不同的时期也可能有不同的目的。证券投资的目的主要有以下几方面。

1.获取利润

资金是企业资产价值的货币表现，有效地利用企业拥有或控制的经济资源，不仅会使企业取得收益，也必然使资金在运动中保存价值和不断增值。因此，企业必须充分利用现有的资产，提高资产的利用效率，以增加企业的收益。但是，在企业的生产经营过程中，由于市场的变化或者企业管理的原因，有时会出现资产闲置或资产报酬率下降甚至亏损的情况。为获取利润，企业可以考虑利用现有的资产对外投资，进行资产的重新组合，以优化资源配置，增加企业的收益。

2.获取控制权

为了生存和发展，企业必然要不断地扩大经营规模，企业通过对内投资形式扩张企业的经营规模，其扩张速度较慢；通过证券投资获得证券发行公司经营管理的控制权，其扩张企业经营规模的速度较快，往往在较短的时间内就能迅速扩张企业的规模，从而使企业在激烈的市场竞争中处于较为有利的地位。

3.分散风险

由于市场竞争的日趋激烈，企业在经营过程中都面临着各种不同程度的风险。企业通过证券投资，包括多种证券组合投资，实现资产多元化，以规避投资风险或将投资风险控制在一定限度内。

4.保持资产的流动性

资产的流动性是指资产的变现能力。企业为了增强偿债能力，降低财务风险，必须保持资产良好的流动性。在企业的资产中，长期资产的流动性较差，一般不能直接用于偿还债务，流动资产中现金可以直接用于偿还债务，但储备现金过多，又会降低企业资产的收益率。证券投资不仅可以保持资产的良好流动性，降低经营风险，而且也将增加企业的收益。

二、债券投资

（一）债券投资的概念和特点

债券投资是指企业通过证券市场购买各种债券（如国库券、金融债券、公司债券及短期融资券等）进行的投资。企业进行短期债券投资的目的主要是配合企业对资金的需求，调节现金余额，使现金余额达到合理水平。企业进行长期债券投资的目的主要是获得稳定的收益。

相对于股票投资而言，债券投资一般具有以下特点。

1.属于债权性投资

债券持有人作为发行公司的债权人，定期获取利息并到期收回本金，但无权参与公司经营管理。债券体现债权、债务关系。

2.风险小

由于债券具有规定的还本付息日并且其求偿权也位于股东之前，因此债券投资到期能够收回本金（或部分本金），其风险较股票投资小。特别是政府发行的债券，由于有国家财力作后盾，其本金的安全性非常高，通常视为无风险证券。

3.收益稳定

债券投资的收益是按票面金额和票面利率计算的利息收入及债券转让的价差所决定的，与发行公司的经营状况无关，因而其投资的收益比较稳定。

4.债券价格的波动性较小

债券的市场价格尽管有一定的波动性，但由于前述原因，债券的价格毕竟不会偏离其价值太多，因此，其波动性相对较小。

5.市场流动性好

许多债券具有较好的流动性，政府及大企业发行的债券一般都可在金融市场上迅速出售，流动性很好。

（二）债券价格的确定

投资者进行债券投资是为了在未来获取增值收入，即未来期间的利息收入及转让价差。因此，债券的价值应该是按投资者要求的必要收益率对未来的上述增值收入及到期收回（或中间转让）的本金的贴现值。由于债券利息的计算方法不同，债券价值的计算也就不同，目前主要有以下几种基本计算方法。

1.债券价格确定的基本公式

典型的债券采用固定利率，每年计算并支付利息，到期归还本金。按照这种模式，债券价值计算的基本模型是：

$$P = I \cdot (P/A, K, n) + F \cdot (P/F, K, n)$$
$$= F \cdot I \cdot (P/A, K, n) + F \cdot (P/F, K, n)$$

式中：P——债券价格；

I——债券票面利息率；

F——债券面值；

I——每年利息；

K——市场利率或投资人要求的必要收益率。

（三）债券投资收益

债券投资收益包括两个部分：一部分为转让价差（即债券到期按债券面额收回的金额或到期前出售债券的价款与购买债券时投资金额之差，转让价差为正数时为收益，相反则为损失），另一部分为利息收入。债券的收益水平通常用到期收益率来衡量。到期收益率是指以特定价格购买债券并持有到期所获得的收益率。它是使未来现金流量等于债券购入价格的贴现率。

（四）债券投资的风险

尽管债券的利率一般是固定的，债券投资仍然和其他投资一样是有风险的。风险与报酬是对应的：高风险意味着高报酬，低风险则意味着低报酬。债券投资要承担的风险主要有违约风险、利率风险、流动性风险、通货膨胀风险和汇率风险等。

1.违约风险

违约风险是指发行公司无法按时向投资人支付债券利息和偿还本金的风险。财政部发行的国库券，由于有政府做担保，所以没有违约风险。除中央政府以外的地方政府和公司发行的债券则或多或少的有违约风险。因此，信用评估机构要对中央政府以外部门发行的债券进行评价，以反映其违约风险。不同种类的债券违约风险是不同的。

违约风险的大小通常通过对债券的信用评级表现出来，高信用等级的债券违约风险要比低信用等级的债券小。必要时，投资人也可以对发行债券企业的偿债能力直接进行分析。

2.利率风险

债券的利率风险是指由于利率变动而使投资者遭受损失的风险。由于债券价格会随利率变动，即使没有违约风险的国库券，也会有利率风险。一般来说，债券价格与市场利率成反比变化，市场利率上升会引起债券市场价格下跌；市场利率下降会引起债券市场价格上升。

此外，债券利率风险与债券持有期限的长短密切相关，期限越长，利率风险也越大。因此，即使债券的利息收入是固定不变的，但因市场利率的变化，其投资收益也是不确定的。

3.流动性风险

流动性风险是指债券持有人打算出售债券获取现金时，其所持债券不能按目前合理的市场价格在短期内出售而形成的风险，又称变现力风险。如果一种债券能在较短的时间内按市价大量出售，说明这种债券的流动性较强，投资于这种债券所承担的流动性风险较小；反之，如果一种债券很难按市价卖出，说明其流动性较差，投资者会因此而遭受损失。

4.通货膨胀风险

通货膨胀风险是指由于通货膨胀而使债券到期或出售时所获得现金的购买力减少的风险。一般而言，在通货膨胀情况下，固定收益证券要比变动收益证券承受更大的通货膨胀风险，因此普通股票被认为比公司债券和其他有固定收益的证券能更好地避免通货膨胀风险。

5.汇率风险

汇率风险是指由于外汇汇率的变动而给外币债券的投资者带来的风险。当投资者购买了某种外币债券时，本国货币与该外币的汇率变动会使投资者不能确定未来的本币收入。如果在债券到期时该外币贬值，就会使投资者遭受损失。

三、股票投资

（一）股票投资的特点

股票是股份公司为了筹集自有资金而发行的代表所有权的有价证券，购买股票是企业投资的一种重要形式。

股票投资和债券投资都属于证券投资，但股票投资相对于债券投资而言又具有以下特点。

1.股票投资是权益性投资

股票投资与债券投资虽然都是证券投资，但投资的性质不同：股票投资属于权益性投资，股票是代表所有权的凭证，持有人作为发行公司的股东，有权参与公司的经营决策；而债券投资属于债权性投资，债券是代表债权债务的凭证，持有人作为发行公司的债权人，可以定期获取利息，但无权参与公司经营决策。

2.股票投资的风险大

投资者购买股票之后，不能要求股份公司偿还本金，只能在证券市场上转让。因此股票投资者至少面临两方面的风险。

一是股票发行公司经营不善所形成的风险。如果公司经营状况较好，盈利能力强，则股票投资者的收益就多；如果公司的经营状况不佳，发生了亏损，就可能没有收益；如果公司破产，由于股东的求偿权位于债权人之后，因此股东可能部分甚至全部不能收回投资。

二是股票市场价格变动所形成的价差损失风险。股票价格的高低，除了取决于公司经营状况外，还受政治、经济、社会等多种因素的影响，因而股票价格经常处于变动之中，其变动幅度往往高于债券价格的变动幅度。

3.收益高

由于投资的高风险性，股票作为一种收益不固定的证券，其收益一般高于债券。股票投资收益的高低取决于公司的盈利水平和整体经济环境的好坏。当公司经营状况好、盈利水平高而社会经济发展繁荣稳定时，股东既可以从发行公司领取高额股利，又可以因股票升值获取转让收益。

4.股票投资的收益不稳定

股票投资的收益主要是公司发放的股利和股票转让的价差收益，相对债券而言，其稳定性较差。股票股利直接与公司的经营状况相关，公司盈利多，就可能多发放股利，公司盈利少，就可能少发或不发股利；股票转让的价差收益主要取决于股票市场的行情，股市行情好，出售股票就可以得到较大的价差收益，股市低迷，出售股票将会遭受损失。

5.股票价格的波动性大

股票价格既受发行公司经营状况影响，又受股市投机等因素的影响，波动性极大。这就决定了不宜冒险的资金最好不要用于股票投资，而应选择风险较小的债券投资。

（二）股票价格的确定

股票本身没有价值，仅是一种凭证。它之所以具有价格，可以买卖，是因为它能给持有人带来收益。一般说来，公司第一次发行股票时，要规定发行总额和每股金额，一旦股票发行后上市买卖，股票价格就与原来的面值分离。这时的价格主要由预期股利和当时的市场利率决定，此外股票价格还受经济环境变化和投资者心理等复杂因素的影响。

1.股票估价的基本模型

股票的价值是指股票期望提供的所有未来收益的现值。股票带给持有者的现金流入包括两部分：股利收入和出售时的资本利得。

股票估价的基本公式为：

$$V = \frac{D_1}{(1+R_S)} + \frac{D_2}{(1+R_S)^2} + \cdots\cdots + \frac{D_n}{(1+R_S)^n} + \cdots\cdots = \sum_{t=1}^{\infty} \frac{D_t}{(1+R_S)^t}$$

式中：D_t——第 t 年的股利；

　　　R_S——贴现率，即必要的收益率；

　　　S——本利和或终值

　　　t——年份。

该公式在实际应用时，面临以下两个主要问题。

①如何预计未来每年的股利。股利的多少，取决于每股盈利和股利支付率两个因素，可按历史资料的统计分析对其进行估计，股票估价的基本模型要求无限期地预计每年的股利，实际上不可能做到。因此应用的模型都是各种简化办法，如每年股利相同或固定比率增长等。

②如何确定贴现率。贴现率的主要作用是把所有未来不同时间的现金流入折算为现在的价值。贴现率应为投资者要求的报酬率。

2.股票估价的扩展模型

（1）零成长股票的估价模型

该模型假设未来股利不变，其支付过程是一个永续年金，则股票价值为：

$$V = \frac{D}{R_S}$$

（2）固定成长股票的估价模型

该模型假设未来股利以固定的增长率逐年增加，则股票价值为：

$$V = \sum_{t=1}^{\infty} \frac{D_t}{(1+R_S)^t} = \sum_{t=1}^{\infty} \frac{D_0(1+g)^t}{(1+R_S)^t}$$

当 g 为常数，并且 $R_S > g$ 时，上式可简化为：

$$V = \frac{D_t}{R_S - g} = \frac{D_0(1+g)}{R_S - g}$$

式中：D_t——预期第一年的股利；

D_0——最近一年支付的股利；

g——预期股利增长率。

R_S——贴现率，即必要的收益率；

S——本利和或终值

t——年份。

将上述公式进行变换，可计算预期收益率，即

$$R = \frac{D_t}{V} + g$$

（三）股票投资的收益

投资者进行股票投资的目的是最终取得投资收益，投资收益又因发行公司的未来获利情况和股价变动情况而变动。股票的收益水平通常用股票投资收益率来衡量。

股票投资收益率应为该股票投资收益净现值为零时的贴现率。在各年股利不等的情况下，其基本计算公式为：

$$V = \sum_{j=1}^{n} \frac{D_j}{(1+i)^j} + \frac{F}{(1+i)^n}$$

式中：V——股票的购买价格；

F——股票的出售价格；

D_j——第 j 年股利；

n——投资期限；

i——股票投资收益率。

j——年份。

四、基金投资

（一）基金的概念

基金是一种利益共享、风险共担的集中证券投资方式，即通过发行基金单位，集中投资者的资金，由基金托管人托管，由基金管理人管理和运用资金，从事股票、债券等金融工具投资，并把投资收益按基金投资者的投资比例进行分配的一种间接投资方式。

基金是一种积少成多的整合投资方式，即投资者把资金委托给基金管理人管理，基金管理人根据法律、法规、基金契约规定的投资原则和投资组合的原理，进行分散投资，以

达到分散投资风险，并兼顾资金的流动性、安全性和盈利性的目的。基金与股票、债券存在明显的差异，表现在以下三个方面。

1.反映的关系不同

股票反映的是所有权关系，债券体现债权债务关系，而基金反映的是基金持有人与管理人之间的委托代理关系。

2.筹集的投向不同

股票和债券所筹集的资金大部分流向实业，而基金的主要投向是包括股票、债券在内的各种有价证券。

3.风险水平不同

债券的直接收益取决于事先确定的债券利率，投资风险较小；股票的直接收益取决于公司的经营效益，不确定性大，投资风险也较大；而基金主要投资于有价证券，具有规模优势，投资方式灵活多样，因而使得基金的收益可能高于债券而投资风险又可能小于股票。对那些资金不多，或没有时间精力或缺乏证券投资专门知识的投资者而言，是很好的投资选择。

（二）基金的分类

1.按基金的组织形式不同，可分为契约型基金和公司型基金

（1）契约型基金

契约型基金又称为单位信托基金，把投资者、管理人、基金托管人作为基金的当事人，通过签订基金契约的形式发行受益凭证而设立的一种基金。契约型基金是基于契约原理而组织起来的代理投资行为，没有基金章程，也没有公司董事会，而是通过基金契约来规范三方当事人的行为。

（2）公司型基金

公司型基金是以公司形态组建的，以发行股份的方式筹集资金，一般投资者为认购基金而购买该公司的股份也就成为该公司的股东，享有股东的基本权利和义务。

2.按基金可否自由赎回，可分为封闭式基金和开放式基金

（1）封闭式基金

封闭式基金是指基金发起人在设立基金时，限制了基金的发行总额，筹集到这个总额后，基金即宣告成立，并进行封闭，不再接受新的投资，投资者日后买卖基金单位，都必须通过证券交易所在二级市场上竞价交易。另外，封闭式基金一般在成立之初就设定了存续期，存续期满即为基金终止。

（2）开放式基金

开放式基金是指基金发起人在设立基金时，不固定基金单位总数，可视投资者需求追

加发行。投资者可以根据市场状况和各自的投资决策，要求发行机构赎回基金单位或增持基金单位份额。与封闭式基金相比，开放式基金没有固定的存续期，发行规模不受限制，可要求发行机构赎回等特点。

（三）基金的价值分析

在对基金价值进行评价前，必须明确一个重要的概念，即基金资产净值。基金资产净值是指某一时点上某一投资基金每份基金单位实际代表的价值，是基金单位价格的内在价值。基金资产净值是衡量一个基金经营好坏的主要指标，也是基金交易价格的计算依据。一般情况下基金单位价格与资产净值趋于一致，即随着资产净值的增长，基金价格也将随之提高。

基金资产净值的计算包括基金资产净值的计算和基金单位资产净值的计算，其中：

基金资产净值＝基金资产总值－基金负债总值基金单位资产净值＝基金资产净值÷已售出基金单位总数

基金资产总值包括基金投资资产组合的所有内容，具体如下。

①基金拥有的已上市的股票、认股权证和债券，以计算日或最近集中交易市场的收盘价为准。

②所拥有的未上市的股票、认股权证，以有资格的会计师事务所或资产评估机构测算为准。

③所拥有的未上市债券，以债券面值加上至计算日时的应收利息为准，所拥有的短期票据以买进成本加上自买进日起至计算日止的应收利息。

④现金与相当于现金的资产，包括存放在其他金融机构的存款。

⑤有可能无法收回的资产及或有负债所提留的准备金。

⑥已订立契约但尚未履行的资产。

基金负债总额包括：

①依基金契约规定的至计算日止托管人或管理人应付未付的报酬。

②其他应付款等。

五、证券组合投资

（一）证券组合投资的意义

证券组合是指在进行证券投资时，不是将所有的资金都投向单一的某种证券，而是有选择地投向一组证券。这种同时投资多种证券的做法便叫证券组合投资。

人们进行证券投资的直接动机就是获得投资收益，所以投资决策的目标就是使投资收益最大化。由于投资收益受许多不确定性因素影响，投资者在做投资决策时只能根据经验和所掌握的资料对未来的收益进行估计。因为不确定性因素的存在，有可能使将来得到的投资收益偏离原来的预期，甚至可能发生亏损，这就是证券投资的风险。因此人们在进行证券投资时，总是希望尽可能减少风险，增加收益。通过有效地进行证券投资组合，便可消减证券风险，达到降低风险的目的。

（二）证券组合投资的风险

证券投资理论旨在探索如何通过有效的方法消除投资风险。证券组合投资的风险可以分为两种性质完全不同的风险，即非系统性风险和系统性风险。

1.非系统性风险

非系统性风险又叫可分散风险或公司特有风险，是指来自公司的个别因素导致某个公司股票收益损失的可能性。如公司新产品试制失败、工人罢工等。这种风险可以通过证券持有的多样化来抵消。

当代证券组合理论认为，若干种股票组成的投资组合，其收益是这些股票收益的加权平均数，但是其风险不是这些股票风险的加权平均风险，故投资组合能降低风险。

2.系统性风险

系统风险又叫市场风险、不可分散风险，是源于公司之外的因素，使所有公司都受其影响，导致整个股市平均报酬率的变动，如通货膨胀、经济衰退、战争、自然灾害等。面对这类风险，投资者无论购买哪种股票都无法避免，不能用多样化投资来分散，而只能靠更高的报酬率来补偿。投资者所冒市场风险越大，所要求的报酬率就越高。

投资者进行证券的组合投资，正是为了分散可分散风险。实践证明，只要科学地选择足够多的证券进行组合投资，就能分散大部分可分散风险。简而言之，就是不要把全部资金都投资于一种证券，而应根据各种证券的具体情况和投资者本人对收益与风险的偏好选择若干种最理想的证券作为投资对象，形成一个投资组合。

（三）证券组合投资的策略

证券组合投资策略是投资者根据市场上各种证券的具体情况以及投资者对风险的偏好与承受能力，选择相应证券进行组合时所采用的方针。常见的证券投资组合策略有以下几种。

1.保守型的投资组合策略

该组合策略要求尽量模拟证券市场现状（无论是证券种类还是各证券的比重），将尽可能多的证券包括进来，以使分散全部可避免风险，从而得到与市场平均报酬率相同的投资报酬率。

这种投资组合是一种比较典型的保守型投资组合策略，其所承担的风险与市场风险相近。保守型投资组合策略基本上能分散可避免风险，但所得到的收益也不会高于证券市场的平均收益。

2.冒险的投资组合策略

该组合策略要求尽可能多选择一些成长性较好的股票，而少选择低风险、低报酬的股票，这样就可以使投资组合的收益高于证券市场的平均收益。这种组合的收益高，风险也高于证券市场的平均风险。

采用这种投资组合，如果做得好，可以取得远远超过市场平均报酬的投资收益，但如果失败，会发生较大的损失。

3.适中的投资组合策略

该组合策略认为，股票的价格主要由企业的经营业绩决定，只要企业的经济效益好，股票的价格终究会体现其优良的业绩。所以在进行股票投资时，要全面深入地进行证券投资分析，选择一些品质优良的股票组成投资组合，如果做得好，就可以获得较高的投资收益，而又不会承担太大的投资风险。

第四章 企业营运资金与利润分配管理

第一节 企业营运资金管理

一、货币资金的管理

货币资金是流动资产的一种，是以货币形态存在的资产，按其存放地点和用途不同，主要包括库存现金、银行存款和其他货币资金。

（一）货币资金的特点

1.流动性强

在企业经济活动中，有一大部分经营业务涉及货币资金的收支，也就是货币资金在企业持续经营过程中随时有增减的变化；货币资金是企业流动性最强、控制风险最高的资产，是企业生存与发展的基础。大多数贪污、诈骗、挪用公款等违法乱纪的行为都与货币资金有关，因此，必须加强对企业货币资金的管理和控制，建立健全货币资金内部控制，确保经营管理活动合法而有效。

2.收支频繁

企业的产品销售、成本、费用支出大多与货币资金有关，因此，货币资金的取得与支出是比较频繁的。

3.资金数额大小与企业规模有关

一般来讲，规模大的企业，其货币资金收支的数额较大，收支也较频繁；规模小的企业，其货币资金收支的数额也较小。

（二）货币资金的持有动机

1.交易动机

交易动机是指用来满足日常业务的现金支出需要，如购买原材料、支付工资、缴纳税款、偿付到期债务、派发现金股利等。企业为满足交易动机所持有的现金余额主要取决于企业销售水平。

2.预防动机

预防动机是指用来应付意外事件发生对现金支出的需要，如生产事故、坏账、自然灾害等。预防性现金数额的多少，取决于企业对未来现金流量预测的准确程度和企业的借款能力。

3.投机动机

投机动机是指用于从事投机活动并从中获利的现金需要，如遇到廉价原材料或其他资产供应的机会，再如在适当时机购入价格有利的股票和其他有价证券。投机动机现金持有量的大小往往与企业在金融市场的投资机会及企业对待风险的态度有关。

4.其他动机

其他动机是指为满足将来某一特定的需要或为在银行维持补偿性余额等其他原因的需要。

（三）现金的成本

狭义的现金是指企业的库存现金，但财务管理上所讲的现金往往是指企业的货币资金。现金作为企业资产，其成本包括持有成本、转换成本和短缺成本。

1.持有成本

持有成本是指企业因保留一定的现金余额而发生的管理费用及丧失的再投资收益，包括管理成本和机会成本。如支付给现金管理人员的工资和安全措施费用等，在一定范围内与现金持有量的多少关系不大，具有固定成本的性质。因持有现金而丧失的再投资收益，具有变动成本性质，与现金持有量的多少密切相关。

2.转换成本

转换成本是指用现金购买有价证券以及转让有价证券换取现金时付出的代价，如委托买卖佣金、手续费、过户费和交割手续费等。

3.短缺成本

短缺成本是指现金持有量不足又无法及时得到补充而给企业造成的损失，如不能及时支付材料款而停工待料给企业造成的经济损失。现金短缺成本与现金持有量成负相关关系。

（四）现金管理

1.现金管理的目标

（1）保证企业日常生产经营活动和管理活动所需资金

企业的生存离不开资金，更离不开现金，购买材料、工资支付、办公费用的支出、水电费的支付、设备的维护修理等都离不开现金。此外，企业到期的各项应付款项的支付、到期债务的偿还也需要现金。因此，现金管理的首要目的是保证企业日常生产经营活动和管理活动的需要。

（2）降低资金成本，提高使用效益

企业持有资金的最终目的是获利，而企业持有现金的获利能力是最低的，过多地持有现金会降低企业的资金使用效益，因此，为了提高资金的使用效益，企业要合理确定现金的持有量，节约使用，降低资金成本，提高资金使用效益。

2.现金管理的内容

（1）建立现金内部控制制度

建立现金内部管理控制制度，以保证现金的安全与完整。

一般而言，一个良好的现金内部控制制度应当包括以下内部会计控制要点：①现金收支与记账的岗位分离；②现金收入、支出要有合理、合法的凭据；③全部收支及时准确入账，并且支出要有核准手续；④控制现金坐支，当日收入现金应及时送存银行；⑤定期盘点现金，做到账实相符。其中现金收支与记账的岗位分离是现金业务内部会计控制制度的基本要求。

（2）现金的日常收支管理

①现金收入管理

企业现金收入业务主要是企业通过销售商品或提供劳务等方式取得货币资金的业务。该项业务主要有两种情形：一种是企业当期销售业务收回的货币资金和收回前期应收的款项；另一种是企业不经常发生的货币资金收入业务，包括通过发行、出售或转让有价证券而取得的收入。现金收入内部控制应做好以下几点。

A.现金收入必须经过规定的程序，并附上相应的凭证。

B.收款经办人只负责收款业务，应避免执行其他业务。

C.收款经办人不能制作现金收入凭证。现金收入管理的重点是尽快收回资金，缩短收款时间，加速现金周转，为此，企业应根据成本与收益比较原则，选用适当的方法加速账款收回，使应收款项尽早入账。

②现金支出管理

企业现金支出的业务涉及的范围很广，主要包括：各项资产的购入、绝大多数费用的开支、向投资者支付的股息以及向国家缴纳各种税款等。

现金支付业务应当按照规定的程序进行，主要步骤如下。

A.申请支付

有关部门或个人用款时，应当提前向审批人提交现金支付申请，并填制相应的统一印制的申请表格或自制表格，表格中应注明用款人、款项的用途、本次支取金额、费用预算总额、支付方式（现金或银行结算）等内容，并附上有效经济合同或相关证明。

B.审批支付

审批人根据其职责、权限和相应程序对支付申请进行审批。对不符合规定的货币资金支付，审批人应当拒绝批准或令其按规定改正后重新审批。对于仍做业务执行用途的经济合同原件或相关证明文件，可在审批后以复制件代替原件作为审批的依据。

C.复核支付

复核人应当对批准后的货币资金支付申请进行复核，复核货币资金支付申请的批准程序是否正确、手续及相关单证是否齐备、金额计算是否准确、支付方式是否妥当等。复核无误后，交由出纳人员办理支付手续。对经复核有误的支付申请，复核人有权要求审批人重新进行审批。出纳人员不得办理未经复核的支付申请或复核人不同意的支付申请。

D.办理支付

出纳人员应当根据经审批、复核无误的支付申请，按《现金管理暂行条例》和《银行结算办法》的相关规定办理货币资金支付手续，对于违反上述规定的要求，出纳人员有权拒绝办理。出纳人员可根据本单位的职责分工及时登记现金和银行存款出纳簿或日记账册。

（3）加强现金收支预算管理

现金收支对财务状况有直接影响，企业应十分重视对现金收支的管理，其有效的方法是进行预算管理。现金收支预算管理的目的在于及时平衡现金收支，经常保持与生产经营活动相适应的合理的现金流量，提高现金使用效率。为达到这一目的，企业在日常管理中还应当注意做好以下几方面的工作。

①力争现金流量同步

如果企业能尽量使现金流入与现金流出发生的时间趋于一致，就可以使其所持有的交易性现金余额降到最低水平，这就是所谓现金流量同步。

②使用现金浮游量

从企业开出支票到收票人收到支票并存入银行一直到银行将款项划出企业账户，这一过程需要一段时间。现金在这段时间的占用称为现金浮游量。在这段时间里，尽管企业已开出了支票，却仍可动用在活期存款账户上的这笔资金。不过，在使用现金浮游量时，一定要控制好使用时间，否则会发生银行存款的透支。

③加速收款

加速收款主要指缩短应收账款的占用时间。发生应收款会增加企业资金的占用，但它又是必要的。因为它可以扩大销售规模，增加销售收入。问题在于如何既利用应收款项吸引顾客又缩短收款时间，这要在两者之间找到适当的平衡点，并需实施妥善的收账策略。

④推迟应付款项的支付

推迟应付款项的支付是指企业在不影响自己信誉的前提下尽可能地推迟应付款项的支

付期，充分运用供货方所提供的信用优惠。如遇企业急需现金，甚至可以放弃供货方的现金折扣优惠，在信用期的最后一天支付款项。当然，这要权衡折扣优惠与急需现金之间的利弊得失而定。

（4）现金持有量的测算

①因素分析模式

因素分析模式是根据上年现金占用额和有关因素的变动情况，来确定最佳现金余额的方法。最佳现金余额计算公式为：

最佳现金余额=（上年现金平均占用额－不合理占用额）×（1+预计销售收入变动率）

②现金周转模式

在现金周转模式下，其最佳现金余额计算公式为：

最佳现金余额=年现金需求总量÷现金周转率

现金周转率=360÷现金周转期

现金周转期=应收账款周转期－应付账款周转期+存货周转期

③成本分析模式

成本分析模式是通过分析持有现金的成本，确定持有现金成本最低那个现金持有量为最佳现金持有量。

机会成本又称为投资成本，企业的现金持有量越大，所丧失的投资于其他领域的收益也就越大，其机会成本也就越高。企业为了正常经营活动，拥有一定数量的现金并为此付出机会成本是必要的，但过多持有现金，付出无必要的机会成本就不合算了。现金持有量在一定范围之内变化时，其管理成本是固定不变的。现金的短缺成本随现金持有量的增加而下降，随现金持有量的减少而增加。

二、应收账款的管理

在激烈的市场竞争中，企业为了扩大销售，也会把赊销作为营销的手段，而应收账款正是企业采用赊销方式销售商品或提供劳务而形成的款项。作为企业营运资金的重要组成内容，应收账款管理直接影响企业营运资金的周转和经济效益。如何监控应收账款发生以及如何处理企业的不良债权等问题，已经成为企业财务管理中不容回避的一个重大课题。

（一）应收账款的功能

1.增加销售收入，扩大市场占有率

商品销售结算的方式有现金销售和赊账销售两种，现金销售是物流与资金流同步进行的，购买方在支付现金的同时获取所购商品，而赊销则是购买方在获得商品时并未同时支付现金，即销售方在提供商品的同时，还提供了一定时间内免费使用的资金，因此，购买方更愿意接受赊销。

在激烈竞争的市场经济中，赊销成为企业促进销售，增加销售收入，扩大市场占有率的主要竞争手段。如在家电行业，生产厂家除发动价格战争夺顾客以外，还通过赊销方式争夺批发商和零售商。

2.减少存货，压缩库存

企业库存商品，需要一定的管理费用。如果将产品转化为应收账款可以减少管理费用的支出，加速存货的周转，提高资金的使用效率。而且，有些行业产品更新换代非常快，如不及时销售，日后就有可能变得一文不值。

在日益激烈的市场竞争中，由于有些企业盲目采用赊销政策，加上自身管理不到位，再加上有些企业缺乏诚信，故意拖欠账款，造成应收账款不断增长，居高不下，给企业资金管理埋下了巨大的隐患。

（二）应收账款管理不力对企业的影响

1.降低了企业资金使用效率，使企业效益下降

如果应收账款占用了大量的流动资金，这些资金将沉淀在非生产环节上，会使企业生产经营资金短缺，如果不能按时收回，将影响企业资金循环和周转，赊销所带来的产品销售利润增加不足以弥补应收账款的成本，进而导致企业实际经营状况被掩盖，无法实现既定的效益目标。

2.夸大了企业经营成果，存在潜在风险

企业会计制度规定，当期赊销部分全部记入当期收入，形成企业的账面利润。

应收账款如果收不回来即成为坏账，如果实际发生的坏账损失超过提取的坏账准备，会给企业带来很大的损失。赊销虽然能使企业增加销售量，提高销售利润，但是并未真正使企业现金流入量增加，超过赊销期限仍未收回账款时，反而会使企业不得不运用有限的流动资金来垫付因赊销而产生的各种税金和费用。如果应收账款不能收回，最终形成坏账，则垫支在税金及费用的资金也不能得到补偿。

另外，应收账款的管理成本、应收账款的回收成本都会加速企业现金流出。因此，企业应收账款的大量存在，在一定程度上夸大了企业经营成果，增加了企业的风险成本。

逾期应收账款对企业的危害直接体现在坏账风险上，据统计逾期应收账款在一年以上的，其追债成功率在50%以下，而在我国企业逾期应收账款的比例比较高。应收账款管理不力造成许多企业包括一些经营状况良好的上市公司经常出现有利润、无资金，账面状况不错却资金匮乏的状况。

（三）应收账款的成本

企业占用在应收账款上的资金会发生各项成本，主要包括以下几个方面：

①机会成本，是指企业的资金因投放于应收账款而必须放弃其他投资机会所丧失的收益。

②管理成本，是指企业因管理应收账款而发生的各项费用，如对客户的资信调查费用、收集相关信息的费用、账簿的记录费用、收账费用及其他费用。

③坏账成本，是指企业的应收账款因故不能收回而发生的损失。

④折扣成本，是指企业为客户提供现金折扣而少收回的货款。

（四）应收账款的管理

1.应收账款管理的目标

应收账款是一把双刃剑，一方面通过扩大销售增加企业收益，另一方面也会增加企业成本。企业应权衡其收益和成本，只有收益大于成本时，才给予赊销。

为此企业在应收账款管理上应制定合理的信用政策，强化应收账款的日常管理，尽量避免坏账的发生。

2.应收账款的信用政策

应收账款的信用政策内容包括信用标准、信用条件和收账政策。

（1）信用标准

信用标准是指客户获取企业的商业信用所应具备的最低条件。过严的信用标准有利于降低违约风险及收账费用，减少应收账款机会成本，但同时会使许多客户因信用品质达不到所设定的标准而被拒于企业商业信用之外，从而会影响企业市场竞争能力的提高和销售收入的扩大。

过宽的信用标准，虽然有利于扩大销售，提高市场竞争力和市场占有率，但同时要冒较大的坏账损失风险，支付较高的收账费用，增加应收账款的机会成本。赊销如同银行给客户贷款，对客户进行审核与控制是非常必要的。对客户进行审核与控制通常利用"五C"评估法。该方法从五个方面来评价各户，因其英文的第一个字母都是C，所以简称"五C"评估法。

①信用品质（Character）。信用品质即客户的信誉，是指客户履行偿债义务或赖账的可能性，是决定是否给予客户信用的首要因素。

②偿付能力（Capacity）。偿付能力即客户的偿债能力，其高低主要取决于企业的资产，特别是流动资产的数量、变现能力及其与流动负债的关系。

③资本（Capital）。资本指客户的经济实力与财务状况，是客户偿付债务的最终保证。

④抵押品（Collateral）。抵押品是指客户为获取商业信用而向企业提供的作为担保的资产。

⑤条件（Condition）。条件是指经济发展趋势或某些不利经济环境对客户偿付能力产

生的影响。

（2）信用条件

信用条件是要求顾客支付赊销款项的条件，主要包括信用期限和现金折扣。

①信用期限

信用期限即给予客户付款的信用持续期间。企业适当延长信用期间，对扩大销售具有刺激作用，可能为企业带来较高的收益，但也会影响企业资金周转和利用效率，丧失以之再投资获利的好处，还会提高坏账损失风险。缩短信用期，又可能会使销售收入下降。确定信用期的方法主要是用信用期内的边际收益与其边际成本进行比较，若边际收益大于边际成本就可以延长信用期。

②现金折扣

现金折扣是指企业对顾客在折扣期内付款所做的商品价格上的扣减，向顾客提供这种价格上的优惠，主要目的在于吸引客户为享受优惠而提前付款，缩短企业的平均收款期。

为客户提供现金折扣会减少应收账款占用资金的利息的支出，减少收账费用和坏账损失，但是，由于客户提前付款享受折扣，企业会减少部分收入，企业必须在减少的支出与减少的收入间进行比较分析，只有当减少的支出大于减少的收入时采用现金折扣政策才是可取的。

（3）收账政策

收账政策是指当客户违反信用条件，拖欠甚至拒付账款时企业采取的收账策略和措施。首先，企业应投入一定的收账费用。企业对于客户拖欠甚至拒付的应收账款不能置之不理，要投入一定的费用进行账款的追讨，一般来讲，随着收账费用的增加，坏账损失会逐渐减少。其次，企业对客户催收应收账款要做到有理、有力、有节。多与客户沟通，共同协商解决办法，对于恶意赖账者，除加大催讨力度外，可以诉诸法律，并将其从信用名单中排除。

3.应收账款的日常管理

（1）建立专门的信用管理机构或岗位

企业信用风险管理是一项专业性、技术性和综合性较强的工作，企业对赊销的信用管理需要专业人员大量的调查、分析和专业化的管理和控制，因此设立企业独立的信用管理职能部门或信用管理岗位是非常必要的。

（2）建立客户动态资源管理系统

专门的信用管理部门必须对客户进行风险管理，其目的是防患于未然。动态监督客户尤其是核心客户，了解客户的资信情况，给客户建立资信档案并根据收集的信息进行动态监督管理。

①对客户进行信用调查，确定是否给予赊销

企业应通过多种调查方式获取客户信用状况，以便作出是否给予赊销的决定。对于新顾客，信用管理部门应进行信用调查，建立客户动态资源系统，决定是否批准该客户的赊销，进而确定对其的信用额度和信用期限，并在销售单上签署明确的意见。对于老客户，信用管理部门在收到销售单后，将销售单与该顾客已被授权的赊销信用额度以及至今尚欠的账款余额加以比较，决定是否提供新的赊销。

②定期编制账龄分析表，加强对应收账款的分析

信用管理部门应定期编制赊销客户的销售金额、除销金额、收账金额等情况的账龄分析表及分析资料，提交企业管理层。在分析中应利用比率、比较、趋势、结构等分析方法，分析逾期债权的坏账风险及对企业财务状况的影响，以便制定坏账处理策略和当前除销策略。

③保持与客户的联系，对应收账款进行跟踪管理

从赊销过程一开始，到应收账款到期日前，对应收账款进行跟踪和监督，从而确保客户正常支付货款，最大限度地降低逾期账款的发生率。通过应收账款跟踪管理服务，保持与客户经常联系，提醒付款到期日，催促付款，可以发现货物质量、包装、运输、货运期以及结算上存在的问题和纠纷，以便作出相应的对策，维护与客户的良好关系。同时也会使客户感觉到债权人施加的压力，使客户一般不会轻易推迟付款，极大地提高应收账款的回收率，并可以快速识别应收账款的逾期风险，以便选择有效的追讨手段。

4.应收账款的处置

对于可能收不回来的应收账款，企业应采取积极的态度尽快处理，如进行资产置换，债务重组等，不能任其发展。对于确实收不回来的应收账款要确认其坏账损失，并采用备抵法进行坏账核算。

（1）债务重组

债务重组是处置企业应收账款的一种有效方法，主要包括采取贴现方式收回账款、债转股和以非现金资产收回债权三种方式。

①采取贴现方式收回账款

贴现方式是指在企业资金严重缺乏而购货者又无力偿还的情况下，可以考虑给予债务人一定的折扣而收回逾期债权。

②债转股

债转股是指应收账款持有人与债务人通过协商将应收账款作为对债务人的股权投资，从而解决双方债权债务问题的一种方法。由于债务人一般为债权人的下游产品线生产商或流通渠道的销售商，债权人把债权转为股权投资后对产品市场深度和广度的推广很有利。随着企业产权制度的改革，债转股已成为企业处理巨额应收账款的重要方式之一。

③以非现金资产收回债权

以非现金资产收回债权是指债务人转让其非现金资产给予债权人以清偿债务。利用债

务重组方式收回应收账款，企业要根据自身与债务人情况选择合适的方法。

（2）出售债权

出售债权是指应收账款持有人（出让方）将应收账款所有权让售给代理商或信贷机构，由它们直接向客户收账的交易行为。随着外资金额机构涌入我国，应收账款出售今后将成为企业处理逾期应收账款的主要手段之一。

第二节　企业利润分配管理

一、企业利润及其分配

（一）利润及其构成

利润是指企业在一定会计期间的经营成果。利润包括收入减去费用后的净额、直接计入当期利润的利得和损失等。

直接计入当期利润的利得和损失，是指应当计入当期损益、会导致所有者权益发生增减变动的、与所有者投入资本或者向所有者分配利润无关的利得或损失。

1.营业利润

企业的营业利润计算公式为：

营业利润＝营业收入－营业成本－营业税金及附加－销售费用－管理费用－财务费用－资产减值损失 ± 公允价值变动收益（或损失）± 投资收益（或损失）

其中：营业收入是指企业经营业务所确认的收入总额，包括主营业务收入和其他业务收入。主营业务收入是指企业为完成其经营目标所从事的经常性活动实现的收入。主营业务收入一般占企业总收入的较大比重，对企业的经济效益产生较大影响。比如，工业企业的主营业务收入主要包括销售商品、自制半成品、代制品、代修品，提供工业性劳务等实现的收入。其他业务收入是指企业为完成其经营目标所从事的与经常性活动相关的活动实现的收入。其他业务收入属于企业日常活动中次要交易实现的收入，一般占企业总收入的比重较小。不同行业企业的其他业务收入所包括的内容不同，比如，工业企业的其他业务收入主要包括对外销售材料、对外出租包装物、商品或固定资产、对外转让无形资产使用权、对外进行权益性投资（取得现金股利）或债权性投资（取得利息）、提供非工业性劳务等实现的收入。

营业成本是指企业经营业务所发生的实际成本总额，包括主营业务成本和其他业务成本。主营业务成本是指企业销售商品、提供劳务等经常性活动所发生的成本。其他业务成本是指企业除主营业务活动以外的其他经营活动所发生的成本。

销售费用是指企业在销售商品和材料、提供劳务过程中发生的各项费用，包括企业在销售商品过程中发生的包装费、保险费、展览费和广告费、商品维修费、预计产品质量保证损失、运输费、装卸费等费用，以及企业发生的为销售本企业商品而专设的销售机构的职工薪酬、业务费、折旧费、固定资产修理费等。

管理费用是指企业为组织和管理生产经营活动而发生的各种管理费用，包括企业在筹建期间发生的开办费、董事会和行政管理部门在企业的经营管理中发生的或者应由企业统一负担的公司经费（包括行政管理部门职工薪酬、物料消耗、低值易耗品摊销、办公费和差旅费等）、工会经费、董事会费（包括董事会成员津贴、会议费和差旅费等）、聘请中介机构费、咨询费（含顾问费）、诉讼费、业务招待费、房产税、车船使用税、土地使用税、印花税、技术转让费、矿产资源补偿费、研究费用、排污费以及企业生产车间（部门）和行政管理部门发生的固定资产修理费等。

财务费用是指企业为筹集生产经营所需资金等而发生的筹资费用，包括利息支出（减利息收入）、汇兑损益以及相关的手续费、企业发生的现金折扣或收到的现金折扣等。

资产减值损失是指企业计提各项资产减值准备所形成的损失。

公允价值变动收益（或损失）是指企业交易性金融资产等公允价值变动形成的应计入当期损益的利得（或损失）。

投资收益（或损失）是指企业以各种方式对外投资所取得的收益（或发生的损失），包括企业对外投资的利润、利息和投资转让或收回时高于或低于账面的差额。

2.利润总额

企业利润总额计算公式为：

利润总额＝营业利润＋营业外收入－营业外支出

式中：营业外收入是指企业发生的与其日常活动无直接关系的各项利得。营业外收入并不是企业经营资金耗费所产生的，不需要企业付出代价，实际上是经济利益的净流入，不可能也不需要与有关的费用进行配比。营业外收入主要包括非流动资产处置利得、盘盈利得、罚没利得、捐赠利得、确实无法支付而按规定程序经批准后转做营业外收入的应付款项等。

营业外支出是指企业发生的与其日常活动无直接关系的各项损失，主要包括非流动资产处置损失、盘亏损失、罚款支出、公益性捐赠支出、非常损失等。其中，非流动资产处置损失包括固定资产处置损失和无形资产出售损失。

3.净利润

企业净利润的计算公式为：

净利润＝利润总额－所得税费用

其中，所得税费用是指企业确认的应从当期利润总额中扣除的所得税费用。

（二）利润分配原则

1.依法分配原则

企业的收益分配必须依法进行。为了规范企业的收益分配行为，维护各利益相关者的合法权益，国家颁布了相关法规。

2.分配与积累并重原则

企业通过经营活动赚取收益，既要保证企业再生产的持续进行，又要不断积累企业扩大再生产的财力基础。恰当处理分配与积累之间的关系，留存一部分净收益以供未来分配之需，能够增强企业抵抗风险的能力，同时，也可以提高企业经营的稳定性与安全性。

3.兼顾各方利益原则

企业的收益分配必须兼顾各方面的利益。企业是经济社会的基本单元，企业的收益分配涉及国家、企业股东、债权人、职工等多方面的利益。

4.投资与收益对等原则

企业进行收益分配应当体现"谁投资谁受益"、收益大小与投资比例相对等的原则。

（三）利润分配的顺序

利润分配的顺序是指企业根据适用的法律、法规或规定，对企业一定期间实现的净利润进行分配必须经过的步骤。

企业一般按下列顺序分配剩余利润。

①弥补以前年度亏损。根据《企业所得税法》的规定，企业发生的年度亏损可以用下一年度的税前利润弥补，下一年度利润不足弥补的，可以在5年内延续弥补，5年内不足弥补的，改用企业的税后利润弥补。以前年度亏损未弥补完，不得提取法定盈余公积金。

②按弥补亏损后的利润总额缴纳企业所得税。

③净利润弥补5年仍未弥补完的以前年度亏损。

④提取法定盈余公积金。股份制企业按当年税后利润（扣除5年后的亏损弥补）的10%提取法定盈余公积金，其他企业可以根据需要确定提取比例，但至少不低于10%提取。法定盈余公积金达注册资本的50%可不再提取，法定盈余公积金可用于弥补亏损和转增资本。

⑤提取任意盈余公积金。企业根据董事会是否提取的决定及其确定的提取比例提取任意盈余公积金。

⑥向投资者分配利润。董事会制订利润分配方案，经股东大会讨论通过后，对外公布利润分配方案，支付股利。

企业以前年度未分配的利润可以并入本年度参加利润分配，本年度未分配的利润可以并入以后年度参加利润分配。

二、股利政策

股利政策是关于股份公司是否发放股利、发放多少股利以及何时发放股利等方面的方针和政策，主要包括是否发放股利、确定最佳股利决策、采取何种股利形式及股利的支付程序等内容。

（一）股利政策的目的

企业应该通过股利政策的制定与实施，体现以下目的。

①保障股东权益，平衡股东间利益关系。

②促进公司长期发展。股利政策的基本任务之一是要通过股利分配这条途径，为增强公司发展后劲、保证企业扩大再生产的进行而提供足够的资金。

③稳定股票价格。一般而言，公司股票在市场上股价过高或过低都不利于公司的正常经营和稳定发展。股价过低，必然影响公司声誉，不利于今后增资扩股或负债经营，也可能引起被收购兼并事件；股价过高，会影响股票流动性，并将埋下股价急骤下降的隐患；股价时高时低、波动剧烈，将动摇投资者的信心，成为投机者的投资对象。所以，保证股价稳定必然成为股利分配政策的目标。

（二）影响股利政策的因素

1.法律因素

（1）资本保全约束

资本保全约束规定公司不能用资本（包括实收资本或股本和资本公积）发放股利，目的在于维持企业资本的完整性，保护企业完整的产权基础，保障债权人的权益。

（2）资本积累约束

资本积累约束规定公司必须按一定的比例和基数提取各种公积金。另外，它要求在进行股利分配时，一般应当贯彻"无利不分"的原则。

2.现金能力因素

现金股利的支付不仅要看有多少利润可供分配，还要看公司有多少现金可用于分配股利，因为有利润不一定有足够的现金支付现金股利，利润是按权责发生制计算出来的，现金是收付实现制下形成的。实践中，企业往往出现会计账面利润很多，但现金十分拮据的情况。因此，公司在制定股利政策时，必须合理预计现金收入和支出，以便制定合理的股利政策。

3.税收因素

股票投资目的是获取股利，或是通过低吸高抛，取得资本利得收益。但对于股东来说，二者所缴纳的所得税是不同的，现金股利的税负高于资本利得的税负。在我国股息红利的个人所得税按20%征收，对日常股票交易所得还没开征个人所得税，只需缴纳印花税和交易费。因此，股票价格上涨获得的收益比分得的股息、红利更有吸引力。

4.股东构成因素

不同阶层、不同收入水平，以及不同投资目的的股东，对股利分配的要求也是不同的。

（1）控制权

从控制权的角度考虑，具有控制权的股东往往希望少分股利。原因在于，如果公司的股利支付率高，必然导致保留盈余减少，这又意味着将来发行新股的可能性加大，而发行新股会稀释公司的控制权。因此，具有控制权的股东往往主张限制股利的支付，而愿意较多地保留盈余，以防止控制权旁落他人。

（2）稳定的收入

从稳定的收入的角度考虑，靠股利维持生活的股东要求支付稳定的股利。

（3）避税

一般来讲，股利收入的税率要高于资本利得的税率，因此，很多股东出于税赋因素的考虑，偏好于低股利支付水平。

5.负债因素

当公司举借长期债务时，债权人为了保护自身的利益，可能会对公司发放股利加以限制。

6.资本成本因素

在企业的各种筹资方法中，留用利润的资本成本是最低的而且是稳定可靠的，还可以使企业保持较强的外部筹资能力，企业的资产负债率可以保持在较理想的水平之上。但过分地强调留用利润，股利支付过少也会走向负面，因为股价有可能因投资者的不满、抛售而跌落，公司声誉受损，反而会影响企业的外部筹资能力。

7.企业拓展因素

当企业处于发展上升阶段，具备广泛的投资机会时，需要大量的发展资金，这时企业可以考虑减少股利支出，将大部分盈利用于扩大再生产，在将来给股东以更加满意的回报，这很可能会被多数股东所接受。当企业处于盈利充裕、稳定，并无良好的拓展机会时，可考虑采用较高的股利以回报投资者。

8.通货膨胀因素

在通货膨胀时期，企业的购买力下降，原计划以折旧基金为来源购置固定资产则难以实现，为了弥补资金来源的不足，企业购置长期资产，往往会使用企业的盈利，因此股利支付会较低。

（三）股利形式

常见的股利形式有四种：现金股利、股票股利、财产股利和负债股利，我国股票市场中主要采用的是现金股利和股票股利。

1. 现金股利

现金股利是公司以货币形式发给股东的投资收益，是最普遍的股利形式。支付现金股利要求公司必须有足够的净利润和现金，要综合分析企业投资机会、筹资能力等各方面因素，确定适当的现金股利支付率。

2. 股票股利

股票股利是公司利用增发股票的方式代替现金股利向投资人支付的投资收益。其具体形式有送股、配股。

（1）送股

送股是指公司将红利或公积金转为股本，按增加的股票比例派送给股东，如每10股送4股，是指每持有10股股票的股东可无偿分到4股。

（2）配股

配股是指公司在增发股票时，以一定比例按优惠价格配售给老股东的股票。配股和送股的区别在于：

①配股是有偿的，送股是无偿的。

②配股成功会使公司现金增加。

③配股实质上是给予老股东的补偿，是一种优惠购买股票的权力。

股票股利的发放对所有者权益总额并没有影响，它既不导致现金资产的流出，也不产生负债的增加，但是，由于企业价值未改变，股票数量增加，从理论上讲，会导致每股价格的下降，由于价格的下降可能反而吸引一部分投资人的购买，购买量的增加又会造成股票价格的上涨，使投资人得到更多的好处。对于股价较高的股票而言，股价下降更有利于其股票交易和增强其流动性。

就股东而言，股票股利除了使其所持股票数量增加外几乎没有任何价值。由于公司盈利不变，其所持股份比例不变，因此股东所持有股票的市场价值总额也保持不变。

（四）股利的发放程序

1. 宣告日

宣告日，即公司董事会决定发放股利的日期。在当天颁布发放股利的说明书，说明股利宣布日、每股股利额、股权登记日、股利支付日等事项。

2.股权登记日

股权登记日，即决定哪些股东能够取得本次股利的日期界限。股权登记日之前在册的股东能够取得本次派发的股利，股权登记日之后新加入的股东不能取得本次股利。

3.除息日

除息日即股票剔除股利的日期。自除息日起，股票交易价格中不再含有股利部分，股票价格会有所下降。

4.股利发放日

股利发放日，即将股利发放给股东的日期。

（五）股利政策

1.剩余股利政策

剩余股利政策指企业在有良好的投资机会时，根据一定的资本结构，测算出投资所需的权益资本，先从盈余中扣除，在此之后如有剩余，再将剩余部分作为股利进行分配的股利政策。

剩余股利政策以股利无关论为依据，该理论认为股利是否发放以及发放的多少对公司价值以及股价不会产生影响，而且投资人也不关心公司股利的分配。因此企业可以始终把保持最优资本结构放在决策的首位，在这种结构下，企业的加权平均资本成本最低，同时企业价值最大。

在确定投资机会对权益资本的需求时，必须保证公司最佳资本结构，所以这种股利政策也是一种有利于降低项目资金成本，保持公司最优资本结构，实现企业价值最大化的股利政策。剩余股利政策比较适合于新成立的或处于高速成长的企业。

运用剩余股利政策的基本步骤是：

①确定目标资本结构。

②根据筹资需要和确定的目标资本结构，计算相应的权益资本筹资额。

③最大限度地以留存收益来满足这一数额。

④如有剩余则用于发放股利。

2.固定股利支付率政策

固定股利支付率政策是指公司按每股盈利的一个固定比例，向股东分配股利。固定股利支付率发放股利，能够使股东获取的股利与企业实现的盈余紧密配合，以真正体现"多盈多分，少盈少分，无盈不分"的原则，只有这样，才算真正公平地对待了每一位股东。采用这种股利政策，实现盈利多的年份向股东发放的股利多，盈利少的年份向股东发放的股利少，所以不会给公司带来固定的财务负担，对企业财务而言压力较轻，但股利会随企业盈利水平而上下波动，不利于股价的稳定，会对股价产生不利的影响。

由此可见，固定股利支付率政策极大地体现了收益与分配的关系，收益多则分得多，收益少则分得少，各年股利的多少会随着企业利润而波动。

3.固定股利政策

固定股利政策是指企业的股利是固定不变的，无论企业盈利状况如何，向股东支付的股利每期都是相同的。通过稳定的股利支付，向投资者传递企业经营状况和财务状况良好的信息，有利于树立企业形象，稳定股价，同时还能满足投资者对股利的偏好。但是如果遇到公司业绩下滑，利润大幅削减时还采用这种股利政策，会增加企业的财务压力。

固定股利政策以股利相关论为基础，该政策认为股利政策会影响公司的价值和影响股票的价格，投资人关心企业股利是否发放及其发放的水平。存在如下理由致使企业需要采取本政策。

①采取本政策发放的股利比较稳定，稳定的股利向市场传递着公司正常发展的信息，从而有利于树立企业的良好形象，并增强投资者对公司的信心，进而稳定股票的价格。

②采取本政策发放的股利比较稳定，稳定的股利有利于投资者安排股利收入和支出，特别是对股利有很强依赖性的股东更是如此。而股利忽高忽低的股票，则不会受这些股东的欢迎，股票价格会因此下降。

③采取本政策发放的股利比较稳定，稳定的股利可能会不符合剩余股利政策的理论，可能会导致公司不能保持最优资本结构。但考虑到股市受多种因素影响，其中包括股东的心理状态和其他要求，因此，为将股利维持在稳定水平上，即使推迟某些投资方案或公司暂时偏离最佳资本结构，也可能要比降低股利或降低股利增长率更为有利。

4.低正常股利加额外股利政策

低正常股利加额外股利政策是指企业先制定一个较低的股利，在公司经营状况一般时，每年只支付固定的数额较低的股利，当企业盈利状况良好时，在支付固定股利基础上，再支付一笔额外股利。这种股利政策使企业财务具有较大的灵活性，同时又使投资人的最低股利收入得到保证。因此，低正常股利也可以保证股东得到比较稳定的股利收入，从而吸引这部分股东，当公司盈余增长时，增发股利，又可以增强投资人的信心，稳定股价。

低正常股利加额外股利政策具有以下特点。

①这种股利政策具有较大的灵活性。采取此政策向股东发放股利时，当企业盈利较少或投资需要的资金较多时，可维持原定的较低但正常的股利，股东就不会有股利跌落感；当企业盈余有较大幅度增加时，又可在原定的较低但正常的股利基础上，向股东增发额外的股利，以增强股东对企业未来发展的信心，进而稳定股价。

②这种股利政策可使依靠股利度日的股东，每年至少可以得到虽然较低但比较稳定

的股利收入，正因为这种股利政策既具有稳定的特点，每年支付的股利虽然较低但固定不变，又具有变动的特点，盈利较多时，额外支付变动的股利，所以这种政策的灵活性较大，因而被许多企业采用。

（六）股利政策的选择

以上四种股利政策各有利弊，上市公司选取股利政策时，必须结合自身情况，选择最适合本公司当前和未来发展的股利政策。其中居主导地位的影响因素是公司目前所处的发展阶段。公司应根据自己所处的发展阶段来确定相应的股利政策。

公司的发展阶段一般分为初创阶段、高速增长阶段、稳定增长阶段、成熟阶段和衰退阶段。由于每个阶段生产特点、资金需要、产品销售等不同，股利政策的选取类型也不同。

在初创阶段，公司面临的经营风险和财力风险都很高，公司急需大量资金投入，融资能力差，即使获得了外部融资，资金成本一般也很高。因此，为降低财务风险，公司应贯彻先发展后分配的原则，剩余股利政策为最佳选择。

在高速增长阶段，公司的产品销售急剧上升，投资机会快速增加，资金需求大而紧迫，不宜分配股利。但此时公司的发展前景已相对较明朗，投资者有分配股利的要求。为了平衡这两方面的要求，应采取正常股利加额外股利政策，股利支付方式应采用股票股利的形式避免现金支付。

在稳定增长阶段，公司产品的市场容量、销售收入稳定增长，对外投资需求减少，EPS值（每股收益）呈上升趋势，公司已具备持续支付较高股利的能力。此时，理想的股利政策应是稳定增长股利政策。

在成熟阶段，产品市场趋于饱和，销售收入不再增长，利润水平稳定。此时，公司通常已积累了一定的盈余和资金，为了与公司的发展阶段相适应，公司可考虑由稳定增长股利政策转为固定股利支付率政策。

在衰退阶段，产品销售收入减少，利润下降，公司为了不被解散或被其他公司兼并重组，需要投入新的行业和领域，以求新生。因此，公司已不具备较强的股利支付能力，应采用剩余股利政策。

总之，上市公司制定股利政策应综合考虑各种影响因素，分析其优缺点，并根据公司的成长周期，恰当地选取适宜的股利政策，使股利政策能够与公司的发展相适应。

第五章　企业财务分析与评价

第一节　财务分析概述

一、财务分析含义

广义财务分析应包括企业一般的和具体的、整体的和部门的、内部的和外部的、目前的和未来的、价值的和非价值的各种与企业经营和投资的过去、现在和未来财务状况相关的各项分析内容。

通过上述分析，我们可以将财务分析的基本概念这样概括：财务分析是根据企业的经营和财务等各方面的资料，运用一定的分析方法和技术，有效地寻求企业的经营和财务状况变化的原因，正确地解答有关问题的过程。财务分析的职能是评价企业以往的经营业绩，衡量企业现在的财务状况，预测企业未来的发展趋势，为企业正确地经营和财务决策提供依据。

二、财务分析意义

财务分析对于企业各方面关系利益者都具有重要意义，无论是企业的投资者、经营者或债权人等，都十分关心财务分析的结果。不同财务信息使用者所注重的财务分析的结论是不同的，所以他们对财务分析提出的要求也是有区别的，这就必然决定了企业财务分析对于不同的信息使用者具有不同的意义。

（一）从投资者角度看

一般来讲，投资者最注重的是企业的投资回报率水平，又十分关注企业的风险程度，不但要求了解企业的短期盈利能力，也要考虑企业长期的发展潜力。所以企业财务分析对投资者具有十分重要的意义。它不但说明企业的财务目标是否最大限度地实现，也为投资者作继续投资、追加投资、转移投资或抽回投资等决策提供最重要的信息。如果是上市公司，作为投资者的股东，还要了解公司每年股利盈利和风险的分析信息，更要求能获得各期动态分析的信息，因为这对投资决策更有价值。

（二）从债权者角度看

债权人更多地关心企业的偿债能力，关心企业的资本结构和负债比例以及企业长短期负债的比例是否恰当。一般来讲，短期的债权人更多地注重企业各项流动比率所反映出来的短期偿债能力。而长期债权人则会更多地考虑企业的经营方针、投资方向及项目性质等所包含的企业潜在财务风险和偿债能力；同时，长期债权人也要求了解企业的长期经营方针和发展实力以及是否具有稳定的盈利水平，因为这是对企业持续偿债能力的基本保证。所有这些都要通过全面的财务分析才能实现，并要提供具有针对性的财务指标及相关信息。

（三）从经营者角度看

财务分析信息对于提高企业内部经营管理水平、制定有效的内外部决策具有重要意义。企业外界的利益者对企业的影响是间接的，而企业经营管理当局能利用财务分析信息并将其马上应用于管理实务，对促进企业各级管理层管理水平的提高至关重要。因此，对应用企业内部管理财务分析信息的要求越具体深入，越有助于企业的经管当局及时了解企业的经营规划和财务、成本等计划的完成情况，并通过分析各种主、客观原因，及时采取相应的措施，改善各个环节的管理工作。同时，财务分析信息也是企业内部总结工作业绩、考核各部门经营责任完成情况的重要依据。

（四）从政府角度看

对企业有监管职能的主要有工商、税务、财政和审计等政府部门，它们也要通过定期了解企业的财务分析信息，把握和判断企业是否按期依法纳税、有无通过虚假财务报告来偷逃国家税款、各项税目的缴纳是否正确等。同时，国家为了维护市场竞争的正常秩序，必然会利用财务分析资料，来监督和检查企业在整个经营过程中是否严格地遵循国家规定的各项经济政策、法规和有关制度。

三、财务分析目的

财务分析的意义是外在的，是不同财务信息使用者所赋予它的。而财务分析的目的是内在的，是其本质所具有的。虽然不同人员所关心的问题不相同，对财务分析的要求和目的也必然会有差异，但归纳起来，财务分析的基本目的是从各个方面对企业进行一个总体的评价，而其他的作用实际是一种派生的目标。因此，从评价的角度看，财务分析应该具有以下几项基本目的。

（一）评价企业财务状况

财务分析应根据财务报表等综合核算资料，对企业整体和各个方面的财务状况作综合和细致的分析，并对企业的财务状况作出评价。财务分析应全面了解企业资产的流动性状态是否正常等，最后来说明企业长短期的偿债能力是否充分，从而评价企业的长短期财务风险与经营风险，为企业投资人和管理当局提供有用的决策信息。

（二）评价企业资产管理水平

企业资产作为企业生产经营活动的经济资源，其管理效率的高低直接影响到企业的盈利能力和偿债能力，也表明了企业综合经营管理水平的好坏。财务分析应对企业资产的占用、配置、利用水平、周转状态和获利能力等做全面且细致的分析——不能只看总体的管理水平，也要看相对的收益能力；不能只看现在的盈利状况，也要看其对企业长远发展的促进作用。

（三）评价企业盈利能力

一个企业是否长期具有良好和持续的盈利能力是一个企业综合素质的基本表现。企业要生存和发展，就要求企业必须能获得较高的利润，这样才能在激烈的竞争中立于不败之地。企业的投资者、债权人和经营者都十分关心企业的盈利能力，同时只有盈利能力强的企业才能保持良好的偿债能力。财务分析应从整体、部门和不同项目对企业盈利能力做深入分析和全面评价，不但要看绝对数也应看相对数，不但要看目前的盈利水平，还要比较过去和预测未来的盈利水平。

（四）评价企业未来发展能力

无论是企业的投资人、债权者或企业管理当局等，都十分关心企业的未来发展能力，因为这不但关系到企业的命运，也直接与他们的切身利益相关。只有通过全面、深入细致的财务分析，才能对企业未来的发展趋势作出正确的评价。在企业财务分析中，应根据企业偿债能力和盈利能力、资产管理质量和成本费用控制水平以及企业其他相关的财务和经营方面的各项资料，对企业中长期的经营前景作合理的预测和正确的评价。这不但能为企业管理当局和投资人等的决策提供重要的依据，也能避免由于决策的失误而给企业造成重大损失。

第二节　财务分析依据和方法

一、财务分析依据

财务分析的依据也就是财务分析的基础，主要是指财务分析的各种资料来源。只有基础资料充分、正确和完整，并能有效地按不同的分析目的进行归类和整理，才能确保财务分析信息的真实、可靠，所以充分正确的财务资料是保证高质量财务分析的重要前提。财务分析基础资料主要有企业的基本财务报表、财务状况说明书、企业内部管理报表、上市公司披露的信息资料、外部评价报告和分析评价标准等。

财务分析需要从大量客观的财务数据中得出结论，主要依据是企业的各种财务报表，其中最主要的是企业的资产负债表、利润表和现金流量表。

（一）资产负债表

资产负债表是反映企业某一时日财务状况的会计报表，资产负债表可以看作企业的会计人员在某一特定时点上对企业会计实体的价值所做的一次统计。

资产负债表是一张静态报表，它反映的是报表日企业的财务状况。利用资产负债表的资料，可以分析评价企业资产的分布状况和资金的营运情况是否合理，分析和评价企业的资本结构是否正常。资产负债表分析主要能为我们提供资产的流动性和变现能力、长短期负债结构和偿债能力、权益资本组成和资本结构、企业潜在财务风险等信息。同时，该表也为分析企业盈利能力和资产管理水平、评价企业经营业绩提供了依据。

（二）利润表

利润表是反映企业一定时期经营成果的会计报表，它是一张动态报表，反映了企业整个经营期的盈利或亏损情况。一般利润表分为四个部分，按照净利润的实现程序依次排列，主要是营业收入、营业利润、利润总额和税后净利润。利润表的最后一项是净利润，对于上市公司而言，净利润常常被表示成每股收益的形式，即每股的净利润是多少。

利润表可以为财务分析提供以下主要资料：反映公司财务成果实现和构成的情况，分析公司的盈利目标是否完成，评价其经营活动的绩效；与资产负债表有关项目比较，能计算企业所占与所得、成本费用与所得的比率关系，为投资者分析资本获利的获利能力、为债权人分析债务的安全性、为管理当局分析企业资产利用水平提供资料；能完整地提供企业对外投资等特殊经济事项的盈亏情况。

（三）现金流量表

现金流量表是反映企业一定时期现金流入和现金流出及现金增减变动原因的会计报表。现金流量表主要包括三大部分：企业经营活动产生的现金流量、企业投资活动产生的现金流量、企业筹资活动生产的现金流量，有时也会单列某些如汇率变化等特殊事项引起的现金流量变动。

现金流量表能向财务分析者提供以下主要的分析资料：反映企业各类现金流入和流出的具体构成，说明企业当前现金流量增减变化的原因，为评价企业现金流量状态是否合理、未来是否有良好的赚取现金的能力和偿还债务及支付股利的能力提供依据；同时，该表也提供了本期损益与现金流量比较分析的相关资料以及企业各类相关的理财活动的财务信息。

二、财务分析方法

一般来说，财务分析通常包括定性分析和定量分析两种类型。定性分析是指报表分析主体根据自己的知识、经验以及对企业的经营活动、外部环境的了解程度所作出的非量化的分析和评价；而定量分析则是指财务分析主体采用一定的数学方法和分析工具对有关指标所作出的量化分析。财务分析主体应根据分析的目的和要求，以定性分析为基础和前提，以定量分析为工具和手段，要透过数字看本质，正确地评价企业的财务状况和经营成果，由于定性分析更多要靠主观判断，因而应坚持以定量分析为主。

常用的定量分析方法有比较分析法、比率分析法、因素分析法等。

（一）比较分析法

财务分析的比较法，是对两个或两个以上有关的可比数据进行对比，揭示差异和矛盾的一种分析方法。比较的标准有以下三种。

1.与本公司历史数据比，即不同时期指标相比，也称"趋势分析"。

2.与同类公司比，即与行业平均数或竞争对手比较，也称"横向比较"。

3.与计划预算比，即实际执行结果与计划指标比较，也称"预算差异分析"。

由于比较分析法是将两个或两个以上有关可比的经济数据从数量上进行比较来确定差异，因此采用这种比较方式时，要注意指标之间的可比性，计算口径、计算基础和计算期限都应尽可能保持一致。

（二）比率分析法

在评价企业历史的盈利能力、偿债能力、现金保障能力及其未来变动趋势时，经常用到比率分析法。通过比率分析法能够反映出会计报表上数据之间的相互关系。这一方法，按照分析的对象不同可以分成三类。

1.结构比率分析

结构比率分析，又称比重比较分析。它研究的是某一总体中，每一部分占总体结构的比重，用以观察和了解总体内容的构成和变化的影响程度，把握经济事项发展的规律。结构比率分析可运用于会计报表分析，有时也称垂直分析，如总资产的构成和总负债的构成及变化等，也可以运用于利润表的利润总额分析。

2.相关比率分析

将两个性质不同，但在财务活动中互相关联的指标进行对比，求出的比率即为相关比率。例如，销售利润率是将利润和企业实现的营业收入两个性质不同、但有联系的指标相比而得到的，它能反映企业营业收入的获利水平以及总体盈利的能力。因此，相关比率分析能使我们更深入地认识企业的财务状况。

财务分析中运用的销售利润率、负债比率、总资产收益率、流动比率、速动比率等指标都是相关比率分析。

3.趋势比率分析

趋势比率分析可以揭示出财务指标的变化及其发展趋势。它是对某项财务指标不同时期的数值进行对比，求出比率。趋势比率分析主要有两种形式，分别为定基动态比率分析和环比动态比率分析。

（1）定基动态比率分析是指基期标准或标准保持不变，而将各期的实际数与其进行持续比较，来揭示经济事项变化规律和发展趋势的方法。其基本计算公式如下：

$$定基动态的比率 = \frac{报告期指标数值}{固定基期指标数值} \times 100\%$$

（2）环比动态比率分析是指持续地把某项经济指标的本期实际数与上一期实际数进行比较，不断计算相对于上一期的变动率，以了解该经济事项的连续变化趋势。其基本计算公式如下：

某产品原料总成本＝产量 × 单耗 × 单价

在进行趋势比率分析时应注意以下几个问题：一是既可以采用绝对数比较，也可以采用相对数比较；二是用于比较的不同时期的经济指标，在计算口径上应保持一致，以确保分析质量；三是要特别注意一些重大经济事项对不同期财务指标造成的影响。

（三）因素分析法

在企业经营活动过程中，各类财务指标具有高度的综合性，一个财务指标变动往往是由于多种因素共同影响的结果。这些因素同方向或反方向地变动对财务指标有着重要的作用。因素分析法是从数值上测定各个相互联系的因素变动对有关财务指标影响程度的一种分析方法。

连环替代法是因素分析法的基本形式。它是根据财务指标构成和不同的分析目标，将各个因素标准连环地用分析值替代，计算出各因素变动对整个财务指标影响程度的方法。

我们在运用因素分析法时，要注意其顺序性和假定性。各因素变动替代的顺序不同，计算的各项影响额也不同。此外，在分析时，研究某因素变动的影响，是假设其他因素不变的，因此分析结果具有假定性。

第三节　基本财务比率分析

在财务实践中，财务人员一般通过对某些财务指标进行分析，对企业经济效益的优劣做出判断。因此，财务指标的选择和运用尤为重要。依据反映企业综合绩效的四个方面能力，即偿债能力、营运能力、盈利能力和发展能力，分别建立相应的四类财务分析指标体系。

一、偿债能力分析

在生产经营活动中，为了满足某一时期的资金需求，企业不可避免地会利用举债来融资。债务到期必须以资产变现来偿付，因此，企业必须持有一定的资产作为保证。因此，需要对企业的偿债能力进行分析，这便于管理当局了解企业的财务实力和资产变现能力，促进企业合理安排资金和提高资金使用效果。根据债务偿还期限的长短，偿债能力分析可以分为短期偿债能力分析和长期偿债能力分析。

（一）短期偿债能力分析

虽然，短期债务偿还期限较短，但企业不能忽视。20世纪90年代中期，保健品巨头巨人集团破产的一个重要诱因，就是在短期偿还能力方面出现了问题。该集团大搞多元化经营，在投资房地产时发生了重大失误，负债不断攀升。最后，竟对其明星产品（如"脑白金""黄金搭档"）不断抽血，来填补巨人大厦这个无底洞。结果短期债务加重，偿债能力锐减，最后终于导致巨人集团一夜之间倒闭。可见，短期偿债能力非常重要。

短期偿债能力是指企业偿还流动负债的能力，流动负债又称短期负债，是指企业在一年以内或超过一年的一个营业周期内必须偿还的债务。

评价短期偿债能力的指标主要有流动比率、速动比率、现金比率等。

1.流动比率

流动比率是流动资产与流动负债的比率。它表明企业每一元流动负债有多少流动资产作为偿还的保证，其计算公式如下：

$$流动比率 = \frac{流动资产}{流动负债} \times 100\%$$

流动比率越高，反映企业短期偿债能力越强，债权人的权益越有保证。但是流动比率也不宜过高，过高的流动比率可能由以下原因所致。

（1）企业某些环节的管理较为薄弱，从而导致企业在应收账款或存货等方面有较高水平。

（2）企业可能因经营意识较为保守而不愿扩大负债经营的规模。

（3）股份制企业在以发行股票、增资配股或举债长期借款、债券等方式筹得的资金后尚未充分投入营运。

总体而言，流动比率过高反映企业的资金没有得到充分利用，而比率过低，则说明企业偿债的安全性较弱。因此，用流动比率衡量短期偿债能力时，并没有绝对的数量标准，不同行业、企业以及同一企业不同时期的评价标准是不同的。一般而言，该指标保持在2:1比较适宜。

2.速动比率

构成流动资产的各项目，流动性差别很大，包含了一部分变现能力（流动性）较弱的资产。其中，货币资金、交易性金融资产和各种应收、预付账款等，可以在较短时间内变现，称为速动资产；另外的流动资产，包括存货、一年内到期的非流动资产及其他流动资产等，称为非速动资产。

为了进一步反映企业偿还短期债务的能力，通常，人们用速动资产和流动负债的比率结合起来测试。速动比率是速动资产与流动负债的比率。与流动比率相比，速动比率能够更加准确、可靠地评价企业资产的流动性及可以立即用于偿付流动负债的能力。其计算公式如下：

$$速动比率 = \frac{速动资产}{流动负债} \times 100\%$$

其中：

速动资产=货币资金+交易性金融资产+应收账款+应收票据+预付账款+其他应收款
=流动资产-存货-一年内到期的非流动资产-其他流动资产

一般情况下，速动比率较高，表明企业立即偿付流动负债的能力越强。通常认为，速动比率等于1时较为适当。如果速动比率小于1，将使企业面临很大的偿债风险；如速动比率大于1过多，债务偿还的安全性很高，但会因企业速动资产占用过多而大大增加企业的机会成本。

与流动比率一样，不同行业的速动比率差别很大，不能一概而论。例如，采用大量现金销售的商店，几乎没有应收款项，速动比率大大低于1很正常。相反，一些应收款项较多的企业，速动比率可能要大于1。

影响速动比率可比性的重要因素是应收款项的变现能力。账面上的应收款项不一定都能变成现金，实际坏账可能比计提的坏账准备要多；季节性的变化，可能使报表上的应收款项金额不能反映平均水平。这些情况，外部分析人员不易了解，而内部人员则有可能作出估计。

3.现金比率

现金比率也称为超速动比率，是现金及其等价物与流动负债的比率。现金等价物是指与现金几乎具有相同变现能力的银行存款、短期有价证券、可贴现和转让票据等。它们可以随时提现、转让变现或贴现变现，持有它们等于持有现金。现金比率的计算公式如下：

$$现金比率 = \frac{现金 + 现金等价物}{流动负债} \times 100\%$$

从现金比率看，更能反映短期负债偿还的稳定性和安全性。现金比率的计算结果越大，表明企业产生的现金流越多，越能保证企业按时偿还到期债务，但这一比率也不是越大越好。现金比率过高，说明企业的现金资产未能充分利用，以取得更大的效益。因此，一般认为现金比率为10% ~ 20%较为理想。同样，该比率也不是绝对的，应视企业的实际情况而定。

（二）长期偿债能力分析

长期偿债能力分析也可称为企业的资本结构分析。它主要反映企业的负债与总资产及权益资本之间的关系，结合企业的投资盈利能力，可以较全面地分析判断企业资本结构是否合理、企业未来还本付息的能力如何以及有无可能导致企业破产的财务风险存在。对于企业的长期债权人和所有者来说，可能更关心其长期偿债能力。反映企业长期偿债能力的指标主要有：资产负债率、产权比率和利息保障倍数。

1.资产负债率

资产负债率是企业的负债总额与资产总额的比率，也称举债经营比率或负债比率。它是企业财务分析的重要指标，反映了企业的资本结构状况，直接表现了企业财务风险的大小。

资产负债率本身没有好坏之说，如从企业长期偿债能力来看，该指标越大说明企业总资产中负债比例越大，企业潜在财务风险越大；资产负债率越低，表明企业长期偿债能力越强，但绝不能说该指标越低越好。资产负债率还代表企业的举债能力。一个企业的资产负债率越低，举债越容易。

通常，资产在破产拍卖时的售价不到账面价值的50%，因此如果资产负债率高于

50%，则债权人的利益就缺乏保障。各类资产变现能力有显著区别，房地产的变现价值损失小，专用设备则难以变现。不同企业的资产负债率不同，与其持有的资产类别有关。保守的观点认为资产负债率不应高于50%，而国际上通常认为资产负债率在60%较为适当。

2.产权比率

产权比率是企业负债总额与权益资本总额的比率，也称权益负债率或资本负债率。它是企业财务结构稳健与否的重要标志，它反映股东权益对债权人权益的保障程度。其计算公式如下：

$$产权比率 = \frac{负债总额}{所有者权益} \times 100\%$$

可以看出，这个指标实际是资产负债率的又一种表述形式，同样反映了企业负债的风险程度及其偿付能力，只是它说明了负债与权益资本的对应关系。仅从偿债能力来看，该比率较低是好的，说明债权人的债权安全性有保障，企业的财务风险较小。

一般情况下，产权比率越低，表明企业长期偿债能力越强，债权人权益的保障程度越高，承担的风险也越少，但企业不能充分发挥负债的财务杠杆效应。因此，在保证债务偿还安全的前提下，应尽可能提高产权比率。

3.利息保障倍数

利息保障倍数也称已获利息倍数，它是指企业一定时期息税前利润对利息支出的倍数。长期债务不需要每年还本，却要每年付息。利息保障倍数表明每1元利息支付有多少倍的息税前利润作保障，它可以反映债务政策的风险大小。如果企业一直保持按时付息的信誉，则长期负债可以延续，举借新债也比较容易。利息保障倍数越大，利息支付越有保障。如果利息支付尚且缺乏保障，归还本金就更难指望。因此，利息保障倍数可以反映长期偿债能力。

利息保障倍数的计算公式如下：

$$利息保障倍数 = \frac{息税前利润总额}{利息支出} + \frac{利润总额 + 利息支出}{利息支出}$$

由利息保障倍数计算公式可知：当利息保障倍数为1时，息税前利润与利息支出相等，仅够弥补利息支出，利润总额为零；利息保障倍数为2时，利润总额与利息费用相等，说明息税前利润的一半用于支付利息。所以，利息保障倍数一般应大于3。但过高的利息保障倍数可能表明公司未能充分利用财务杠杆效应。该指标反映了企业全部收益对于支付利息的保障能力。如果该比率过低，则说明企业可能无法按时偿付当期的利息费用；当该比率为1时，说明企业的全部收益正好用于支付利息，企业没有一分钱利润。因此，要求该指标最起码大于1，否则就难以偿还债务利息，企业将面临较大的财务风险。

二、营运能力分析

营运能力分析是对企业资产利用效果进行分析。资产的利用效果是指每单位资产能够创造多少效益或耗费多少成本，创造的效益越高，耗费的成本越少，说明资产充分利用的程度越高。它通过企业生产经营中资产周转速度的有关指标反映资产利用程度。企业的资产周转速度越快，说明资产的利用程度越高，也就是资产的营运能力越强；反之，则越差。周转速度通常用周转率（周转次数）和周转期（周转天数）表示。计算公式分别如下：

周转次数（率）＝周转额÷资产平均余额

周转天数（期）＝计算期÷周转次数＝计算期×资产平均余额－周转额

周转期指标中的分子是一个时期数，更具体地说，是一年的时期数，因此，这里的周转期，也包括后面将要出现的周转期，都是指一年，以360天计算。

企业拥有或控制生产资料表现为各项资产的占用，因此企业营运能力实际上就是企业的总资产及各个组成要素的营运能力。企业营运能力的分析可以从以下几个方面进行。

（一）应收账款周转率

应收账款周转率是企业一定时期销售收入或赊销收入与应收账款平均余额之比。表明一定时期内应收账款周转的次数，或者说明每元应收账款投资支持的销售收入。应收账款周转期，也称应收账款收现期，表明从销售开始到收回现金平均需要的天数。其计算公式如下：

应收账款周转率＝销售收入（赊销收入）÷应收账款平均余额

应收账款周转期＝360÷应收账款周转次数＝360÷[销售收入（除销收入）÷应收账款平均余额]

销售收入数据取自利润及利润分配表的销售收入，是指企业当期主要经营活动取得的收入减去销售折扣与折让后的数额。应收账款数据为资产负债表中应收账款期初、期末数据的算术平均数，未扣期初坏账准备。

应收账款周转次数越多，说明其收回越快，变现能力越强，资产管理水平越高。反之，说明营运资金过多占用在应收账款上，影响资金周转效率。及时收回应收账款，不仅可以避免坏账损失，而且可以加速企业资金周转。应收账款周转次数越多，说明收账能力越强，资金周转效率越高。

（二）存货周转率

存货周转率是企业一定时期的销售成本总额与存货平均余额之比，表明一定时期内存货周转次数，或者说明每元存货支持的销售收入。存货周转期表明存货周转一次需要的时间，也就是存货转换成现金平均需要的时间。其计算公式如下：

存货周转率=销售成本÷平均存货余额

存货周转天数=360÷存货周转率=360÷（销售成本÷平均存货余额）

式中：存货数据来自资产负债表，按年度平均额计算；销售成本数据取自利润表。

存货周转率反映了企业的销售状况及存货资金占用状况。在正常情况下，存货周转率越高，相应的周转天数越少，说明存货资金周转越快，资金利用效率越高，存货管理水平也越高。通过存货周转次数的分析，有利于找出存货管理中存在的问题，尽可能降低资金占用水平。存货不能过量储存，否则可能造成积压、呆滞，也不能储存过少，否则可能造成生产中断或销售紧张，不利于竞争。合理的存货储备量，可减少企业的资金占用，提高其流动性。以销定产，快进快出，维持存货的正常水平，是降低资金占用水平的最佳途径。

（三）流动资产周转率

流动资产周转率是反映企业全部流动资产周转速度的重要指标，它是指企业一定时期内销售收入总额与流动资产平均占用额的比率，表明一定时期内流动资产周转的次数，或者说明每1元流动资产支持的销售收入。流动资产周转期表明流动资产周转一次需要的时间，也就是流动资产转换成现金平均需要的时间。其计算公式如下：

流动资产周转次数=销售收入÷平均流动资产总额

流动资产周转天数=360÷流动资产周转率=360÷（销售收入÷平均流动资产总额）

上式中流动资产数来自资产负债表，按年度平均额计算；销售收入总额来源于利润表。

流动资产周转率是从整体上反映和评价企业流动资产的周转和利用水平。一般来讲，流动资产周转率越高越好，流动资产周转率越高，表明以相同的流动资产完成的销售额越多，资产利用效果越好。而流动资产周转天数应该是越小越好，周转一次所需要的天数越少，表明流动资产在经历生产和销售各阶段所占用的时间越短，企业经营管理水平越高，资源利用率越高。这样说明企业整体流动资产流动快，在有限的资金总量下，能获得更多的销售收入，资产的利用水平较高。生产经营任何一个环节上的工作改善，都会反映到周转天数的缩短上来。

计算和分析流动资产周转率应该注意，流动资产中应收账款和存货占绝大部分，它们的周转状况对流动资产的周转具有决定性影响。

（四）固定资产周转率

固定资产周转率也称固定资产利用率，它是企业一定时期销售收入总额与固定资产净值的比值，表明一定时期内固定资产周转的次数，或者说明1元固定资产投资所产生的销售收入。固定资产周转期表明固定资产周转一次需要的时间，也就是固定资产转换成现金平均需要的时间。其计算公式如下：

固定资产周转率＝销售收入÷平均固定资产净值

固定资产周转期＝360÷流动资产周转率＝360÷（销售收入÷平均固定资产净值）

需要说明的是，与固定资产有关的价值指标有固定资产原价、固定资产净值、固定资产净额。固定资产净值也称折余价值，是指扣除累计折旧后的金额。固定资产净额是指原价扣除累计折旧和已计提的减值准备后的金额。计算该指标时一般采用固定资产净值的平均额，特殊情况下也可用固定资产原值。

一般来说，企业在一定时期内固定资产的周转次数越多，周转的天数越少，固定资产的周转速度越快，表明企业固定资产利用充分，投资得当，结构合理。反之，则说明企业固定资产使用效率低下，营运能力不强。通常在制造企业中，设备投资在总投资中所占比例较大，设备能否充分利用，直接关系到投资效益的高低。

（五）总资产周转率

总资产周转率是销售收入与总资产的比率，表明一定时期内总资产周转的次数，或者说明每1元总资产支持的销售收入。总资产周转期表明总资产周转一次需要的时间，也就是总资产转换成现金平均需要的时间。计算公式如下：

总资产周转次数＝销售收入÷平均总资产

总资产周转天数＝360÷总资产周转次数＝360÷（销售收入÷平均总资产）

上式中总资产数来自资产负债表，按年度平均额计算；销售收入总额来源于利润表。总资产周转率用来反映全部资产的利用效率，借以评价企业管理者运用资产效率的高低。总资产周转率较高，说明企业利用全部资产进行经营的效率较高。反之，如果该指标较低，则说明企业经营效率较差，最终影响企业的盈利能力。企业应采取各种措施来提高企业的资产利用程度，比如提高销售收入或处理多余的资产。

总资产由各项资产组成，在销售收入既定情况下，总资产周转的驱动因素是各项资产。通过驱动因素分析，可以了解总资产周转率变动是由哪些资产项目引起的以及什么是影响较大的因素，从而为进一步分析指出方向。

三、盈利能力指标

从财务角度看，盈利就是使资产获得超过其投资的回报。企业必须盈利，才有存在的价值。盈利是企业的出发点和归宿，不论是投资者、债权人还是企业经理人员，都非常重视和关心企业的盈利能力。一般来说，对企业盈利能力的分析，只涉及正常的经营获得。非正常的、特殊的经营获得，尽管也会给企业带来收益，但只是特殊状况下的偶发性结果，不能说明企业的可持续能力，应予以剔除。

评价企业的盈利能力主要可以从销售获利水平、资产收益水平和股权资本的盈利能力三方面进行分析。

（一）销售获利水平

1.销售毛利率

销售毛利率反映了企业一定时期销售毛利与销售收入的比率，说明了每1元收入能获取的毛利额，这是一个非常重要的反映企业市场竞争能力的指标。其计算公式如下：

销售毛利率=销售毛利+销售收入=（销售收入－销售成本）÷销售收入

该指标反映每1元销售收入扣除销售成本后，有多少钱可用于各项费用和形成盈利，它是销售净利率形成的初始基础。毛利率越大，说明在销售收入净额中销售成本所占比重越低，企业通过销售获取利润的能力越强。一般来说，该指标越大，说明企业销售的盈利能力越强。销售毛利率反映了企业销售毛利占销售收入的比率，说明企业销售收入的实际获利能力，一般来说，该指标越大越好。

2.销售净利率

销售净利率是企业一定时期净利润与销售收入净额的比率。销售净利率又简称"净利率"，某个利润率如果前面没有指明计算比率使用的分母，则是指销售收入为分母。此指标说明了企业净利润占销售收入的比例，通过销售赚取利润的能力。计算公式如下：

销售净利率=净利润÷销售收入×100%

"净利润"和"销售收入"均取自利润表的数据，两者相除可以概括企业的全部经营成果。反映每1元销售净收入中可带来多少净利润，显然该指标越高越好，说明企业通过销售获取利润的能力越强。

（二）资产收益水平

衡量企业利用资产获得净利润的能力主要通过资产净利率的高低来衡量。资产净利率也称资产收益率或投资报酬率。它是指企业一定时期的税后净利与总资产平均额的比率，说明企业每1元资产占用所能获得的净利润。其计算公式如下：

资产净利率＝净利润÷平均资产总额×100%

资产净利率反映企业运用全部资产获取税后净利润的能力，它反映了企业总资产的利用水平和盈利能力。一般情况下该指标越大越好，如明显低于同行业，说明企业经营管理存在严重问题，可利用资产净利率来分析经营中存在的问题，提高销售净利率，加速资金周转。

（三）股权资本的盈利能力

股权资本的盈利能力是指企业所有者投入资本获取利润的能力。

1.权益净利率

权益净利率也称权益资本净利率或净资产收益率。它是指企业一定时期的税后净利与权益资本平均额的比率，该指标反映了权益资本的盈利能力，即每1元股东权益赚取的净利润，可以衡量企业的总体盈利能力。其计算公式如下：

权益净利率＝净利润÷所有者权益平均余额

该公式的分母一般使用"平均所有者权益"，也可以使用"年末所有者权益"。对于股权投资人来说，权益净利率的分母是股东的投入，分子是股东的所得，具有非常好的综合性，概括了企业的全部经营业绩和财务业绩。因此，该指标的变化和预期是权益投资人（股东）最为关心的。一般认为，权益净利率越高，企业自有资本获取收益的能力越强，运营效益越好，对企业投资人、债权人的保证程度越高。

该指标适用范围广，不受行业限制，通过对该指标的综合对比分析，可以看出企业获利能力在同行中所处的地位以及同类企业的差异水平。

2.市盈率

市盈率是指普通股每股市价与每股收益的比率，它反映普通股股东愿意为每1元净利润支付的价格。其中，每股收益是指可分配给普通股股东的净利润与流通在外普通股加权平均股数的比率，它反映每只普通股当年创造的净利润。其计算公式如下：

市盈率＝普通股每股市价÷普通股每股收益

该指标反映了公司股票的市价是其每股收益的多少倍。它直接表现出投资人和市场对公司的评价和长远发展的信心，无论是对企业管理当局还是对市场投资人来说，都是十分重要的财务指标。一般来讲，该指标越大，说明公司具有良好的发展前景，并得到市场的好评。

3.市净率

市净率称市账率，是指普通股每股市价与每股净资产的比率，它反映普通股股东愿意为每1元净资产支付的价格，说明市场对公司资产质量的评价。其计算公式如下：

市净率＝每股市价÷每股净资产

该指标反映了公司股票的市场价值是净资产的多少倍。一般来讲，该指标越大，说明投资者对公司发展前景越有信心，市场对其有好评，但也隐含着较大的潜在投资风险。

四、发展能力指标

公司的发展能力是众多因素共同影响的结果，可以通过不同的指标对其进行分析和综合评估。具体包括营业（销售）增长指标、资产增长指标和资本扩张指标三方面。

（一）营业（销售）增长指标

1.营业收入增长率

营业收入增长率，即营业增长率，是公司本年营业收入增长额与上年营业收入总额的比率，反映公司营业收入的增减变动情况。由于营业收入包括主营业务收入和其他业务收入，在计算该指标时，可根据实际需要选择相关收入进行分析。其计算公式如下：

营业收入增长率＝本年营业收入增长额÷上年营业收入总额×100%

其中：本年营业收入增长额＝本年营业收入总额－上年营业收入总额

营业收入增长率大于零，表明公司本年营业收入有所增长。该指标值越高，表明公司营业收入的增长速度越快，公司市场前景越好。若增长率小于零，则表明公司销售萎缩，市场份额削弱，或者是产品不适销对路，或者售后服务不佳，或者已被竞争产品替代，这些都是需要引起管理者注意的因素，需要通过进一步调查予以确定并找出对策。

2.三年平均营业收入增长率

营业收入增长率可能受到营业收入短期波动的影响，为了消除偶然性因素的影响，并反映营业收入的变动趋势，需要计算连续三年营业收入平均增长幅度。三年平均营业收入增长率表明公司营业收入连续三年的增长情况，反映公司的持续发展态势和市场扩张能力。其计算公式为：

$$三年平均营业收入增长率＝\sqrt[3]{当年营业收入÷三年前营业收入总额}-1×100\%$$

上式中，三年前营业收入总额是指三年前的营业收入。

3.净利润增长率

净利润增长率＝（本年净利润－上年净利润）÷上年净利润×100%

净利润增长率指标反映公司获利能力的增长情况，反映了公司长期的盈利能力趋势。该指标通常越大越好。

（二）资产增长指标

1.总资产增长率

总资产增长率，是公司本年总资产增长额同年初资产总额的比率，反映公司本期资产规模的增长情况。其计算公式为：

总资产增长率＝本年度总资产增长额÷年初资产总额×100%

其中：本年总资产增长额＝年末资产总额－年初资产总额

总资产增长率越高，表明公司一定时期内资产经营规模扩张的速度越快。

该指标是从公司资产总量扩张方面衡量公司的发展能力，表明公司规模的增长对公司发展后劲的影响。但在分析时，需要关注资产规模扩张的质和量的关系以及公司的后续发展能力，避免盲目扩张。

2.三年平均资产增长率

由于资产的增长率受资产短期波动因素的影响，同样，可以计算连续三年的平均资产增长率，以反映公司较长时间内的资产增长情况，避免偶然因素影响形成的资产异常变动。三年平均资产增长率表示公司资本连续三年的积累情况，在一定程度上反映了公司的持续发展水平和发展趋势。其计算公式为：

$$三年平均资产增长率 = \sqrt[3]{年末资产总额÷三年前年末资产总额} - 1 × 100\%$$

该指标值大于零，反映公司资产呈增长趋势，有能力不断扩大生产规模。该指标值越大，表明资产增长的速度越快，发展性越强。

（三）资本扩张指标

1.资本积累率

资本积累率即股东权益增长率，是指公司本年所有者权益增长额同年初所有者权益的比率。资本积累率表示公司当年资本的积累能力，是评价公司发展潜力的重要指标。其计算公式为：

资本积累率＝本年所有者权益增长额÷年初所有者权益×100%

其中：

本年所有者权益增长额＝所有者权益年末数－所有者权益年初数

年末与年初数值取值于"资产负债表"。资本积累率是公司当年所有者权益总的增长率，反映了公司所有者权益在当年的变动水平，资本积累率体现了公司资本的积累情况，是公司发展强盛的标志，也是公司扩大再生产的源泉，展示了公司的发展潜力。资本积累率反映了投资者投入公司资本的保全性和增长性，该指标越高，表明公司的资本积累越多，资本保全性越强，应付风险、持续发展的能力越强，该指标如为负值，表明公司资本受到侵蚀，所有者权益受到损害，应予以充分重视。

2.三年平均资本增长率

三年平均资本增长率表明公司资本连续三年的积累情况，体现公司发展水平和发展趋势。计算公式为：

$$三年平均资本增长率 = \sqrt[3]{年末所有者权益总额 \div 三年前年末所有} - 1 \times 100\%$$

该指标反映公司资本增值的历史发展状况以及公司稳定发展的趋势。该指标越高，表明公司的所有者权益得到的保障程度越高，公司可以长期使用的资金越充裕，抗风险能力和保持可持续发展能力越强。

综上所述，营业收入是公司获利、资本扩张和取得自身可动用资金的源泉，资产是公司发展的武装力量，而资本是公司的家底和后备力量，三者能为公司发展提供源源不断的动力。因此，在对公司的发展能力进行分析时，要正确计算和分析营业（销售）增值指标、资产增长指标和资本扩张指标，将三类指标系统结合，从而对公司的发展阶段与发展能力作出正确的评价，并选择恰当的发展策略，作出有力的决策。

第四节　综合财务分析

利用财务比率进行分析，虽然可以了解企业各个方面的财务状况，但却无法反映企业各方面财务状况之间的关系，因为每个财务分析指标都是从某一特定的角度对财务状况及经营成果进行分析，但都不足以用来评价企业的整体财务状况。为了弥补这方面的不足，在掌握了财务分析的内容和方法的基础上，本节介绍财务综合分析方法，它将企业的营运能力、偿债能力、盈利能力和发展能力等诸方面因素纳入一个网络之中，对企业经营状况进行全面、系统的剖析，找出可能的症结所在，为制定政策提供参考。

一、杜邦分析法

杜邦分析法是最先由美国杜邦公司采用的财务分析方法，故此命名。它是利用几种主要的财务比率之间的关系来综合地分析企业财务状况的一种方法。其实杜邦分析法本身的原理是比较简单的，关键是这种思维方法告诉了我们基本的综合财务分析的原理和指标之间的相互关系是如何构成的，通过杜邦分析法将以往的简单分析逐步引入财务综合分析的领域。

（一）传统杜邦分析体系

在传统杜邦分析体系中，净资产收益率是一个综合性最强、最具代表性的一个指标，是杜邦分析体系的核心，该指标的高低取决于总资产净利率与权益乘数。其中：总资产净利率反映企业的经营能力；权益乘数即财务杠杆，反映企业的财务政策。

权益净利率＝总资产净利率×权益乘数＝销售净利率×总资产周转率×权益乘数

权益乘数主要受资产负债率的影响。负债比率大，权益乘数就高，说明企业有较高的负债程度，给企业带来了较多的杠杆利益，同时也给企业带来了较多的风险。企业既要充分有效地利用全部资产，提高资产利用效率，又要妥善安排资本结构。

销售净利率是净利润与营业收入之比，它是反映企业盈利能力的重要指标。提高这一比率的途径有扩大营业收入和降低成本费用等。

资产周转率是营业收入与资产平均总额之比，是反映企业运用资产以产生营业收入能力的指标。对资产周转率的分析，除了对资产构成部分从总占有量上是否合理进行分析外，还可通过流动资产周转率、存货周转率、应收账款周转率等有关资产使用效率指标的分析，以判明影响资金周转的主要问题所在。

（二）权益净利率的驱动因素分解

在具体运用杜邦体系进行分析时，一般采用因素分析法，根据净资产收益率与销售净利率、总资产周转率、权益乘数的关系，分别计算三项指标变动时对净资产收益率的影响程度，还可以使用因素分析法进一步分解各个指标，分解的目的是识别引起变动（或产生差距）的原因，并衡量其重要性，通过与上年比较可以识别变动的趋势，通过与同业比较可以识别存在的差距，为后续分析指明方向。

在杜邦分析体系中，各项财务比率在每个层次上与本企业历史或同行业的财务比率比较，比较之后再向下一级分解。这样逐级向下分解，就能逐步覆盖企业经营活动的每一个环节。

第一层次的分解，是把净资产收益率分解为资产净利率和权益乘数。第二层次的分解，是把资产净利率分解为营业净利率和总资产周转率。营业净利率、总资产周转率和权益乘数这三个比率在各企业之间可能存在显著差异。通过对差异的比较，可以观察本企业与其他企业的经营战略和财务政策有什么不同。

分解出来的营业净利率和总资产周转率，可以反映企业的经营战略。一些企业营业净利率较高，而总资产周转率较低；另一些企业与之相反，总资产周转率较高而营业净利率较低。两者经常呈反方向变化，并且这种现象不是偶然的。为了提高营业净利率，就要增加产品的附加值，往往需要增加投资，引起周转率的下降。与此相反，为了加快周转，就要降低价格，引起营业净利率下降。通常，营业净利率较高的制造业，其周转率都较低；周转率很高的零售商业，营业净利率很低。正因如此，仅从营业净利率的高低并不能看出业绩好坏，把它与总资产周转率联系起来可以考察企业经营战略。

分解出来的财务杠杆可以反映企业的财务政策。在总资产净利率不变的情况下，提高财务杠杆可以提高净资产收益率，但同时也会增加财务风险。一般来说，总资产净利率较高的企业，财务杠杆较低，反之亦然。这种现象也不是偶然的。这就是说，为了提高流动性，只能降低营利性。因此，我们实际看到的是，经营风险低的企业可以得到较多的贷款，其财务杠杆较高；经营风险高的企业，只能得到较少的贷款，其财务杠杆较低。总资产净利率与财务杠杆呈负相关关系，共同决定了企业的净资产收益率。

由于影响净资产收益率的因素关系到企业的经营战略和财务政策，因此，企业必须使其经营战略和财务政策相匹配。

（三）传统杜邦分析体系的局限性

1.计算总资产利润率的"总资产"与"净利润"不匹配

首先被质疑的是总资产净利率的计算公式（总资产利润率＝净利润÷平均资产总额×100%）。总资产是全部资产提供者的权利，而净利润是专门属于股东的，两者不匹配。由于总资产净利率的"投入与产出"不匹配，该指标不能反映实际的回报率。为了改善该比率的配比，要重新调整其分子和分母。因此，需要计量股东和有息负债债权人投入的资本，并且计量这些资本产生的收益，两者相除才是合乎逻辑的总资产报酬率，才能准确反映企业的基础盈利能力。

2.没有区分经营活动损益和金融活动损益

传统杜邦分析体系没有区分经营活动和金融活动。对于多数企业来说金融活动是净筹资，它们从金融市场上主要是筹资，而不是投资。筹资活动没有产生净利润，而是支出净费用。这种筹资费用是否属于经营活动的费用，即使在会计规范的制定中也存在争议。从财务管理的基本理念看，企业的金融资产是投资活动的剩余，应将其从经营资产中剔除。与此相适应，金融费用也应从经营收益中剔除，才能使经营资产和经营收益匹配。因此，正确计量基础盈利能力的前提是区分经营资产和金融资产，区分经营损益与金融损益。

3.没有区分有息负债与无息负债

既然要把金融活动分离出来单独考察，就会涉及单独计量筹资活动的成本。负债的成本（利息支出）仅仅是有息负债的成本。因此，必须区分有息负债与无息负债。这样利息与有息负债相除，才是实际的平均利息率。此外，区分有息负债与无息负债后，有息负债与股东权益相除，可以得到更符合实际的财务杠杆。无息负债没有固定成本，本来就没有杠杆作用，将其计入财务杠杆，会歪曲杠杆的实际作用。

针对上述问题，人们对传统的财务分析体系做了一系列的改进，逐步形成了一个新的分析体系，称为改进的杜邦分析体系。改进的部分有：（1）区分经营资产和金融资产；（2）区分经营负债和金融负债；（3）区分经营活动损益和金融活动损益；（4）经营活动损益内部进一步区分主要经营利润、其他营业利润和营业外收支；（5）区分经营利润所得税和利息费用所得税。

改进的杜邦分析体系的核心指标仍然是权益净利率，但权益净利率的高低取决于税后经营利润率、净经营资产周转次数、税后利息率和净财务杠杆四个驱动因素。对改进的杜邦分析体系的主要指标的关系，其计算公式如下：

权益净利率＝净经营资产利润率＋杠杆贡献率

　　　　＝税后经营利润率×净经营资产周转次数＋经营差异率×净财务杠杆

　　　　＝税后经营利润率×净经营资产周转次数＋（税后经营利润率×净经营资产周转次数－税后利息率）×净财务杠杆

二、沃尔比重评分法

沃尔比重评分法是除了杜邦分析体系之外，另外一个应用比较广泛的财务分析综合方法。

人们进行财务分析时遇到的一个主要困难就是计算出财务比率之后，无法判断它是偏高还是偏低。为了弥补这些缺陷，亚历山大·沃尔在其于20世纪初出版的《信用晴雨表研究》和《财务报表比率分析》等著作中提出了信用能力指数概念，将流动比率、产权比率、固定资产比率、存货周转率、应收账款周转率、固定资产周转率、自有资金周转率七项财务比率用线性关系结合起来，并分别给各自的分数比重，然后通过与标准比率进行比较，确定各项指标的得分及总体指标的累计分数，从而对企业的信用水平作出评价。

（一）沃尔比重评分法的步骤

运用沃尔比重评分法进行企业财务状况综合分析，一般要遵循如下程序。

1.选定评价企业财务状况的财务比率。通常选择能否说明问题的重要指标。在选择指标时，一要具有全面性，要求反映企业偿债能力、盈利能力、营运能力和发展能力的三大类财务比率都应当包括在内。二要具有代表性，即要选择能否说明问题的重要财务比率。三要具有变化方向的一致性，即当财务比率增大时，表示财务状况的改善；反之，当财务比率减少时，表示财务状况的恶化。

2.根据各项财务指标的重要程度，确定其标准评分值（重要性系数）。各项财务比率的标准评分之和应等于100分。各项财务比率评分值的确定是财务比率综合评分法的一个重要问题，它直接影响对企业财务状况的评分多少。现代社会与沃尔的时代相比已经有了很大变化，对各项财务比率的重视程度不同，就会产生截然不同的态度。另外，确定具体评分标准时还应结合企业经营活动的性质、企业生产经营的规模、分析者的分析目的等因素。

3.确定各项财务比率评分值的上限和下限，即最高评分值和最低评分值。这主要是为了避免个别财务比率的异常值给总评分造成不合理的影响。

4.确定各项财务比率的标准值。财务比率指标的标准值是指本企业现时条件下财务比率的最理想数值，即最优值。

5.计算企业在一定时期各项财务比率的实际值。

6.求出各指标实际值与标准值的比率，称为关系比率或相对比率。

7.计算各项财务比率的实际得分。各项财务比率的实际得分是关系比率和标准评分值的乘积。每项财务比率的得分都不得超过上限或下限，所有各项财务比率实际得分的合计数就是企业财务状况的综合得分。企业财务状况的综合得分就反映了企业综合财务状况是否良好。如果综合得分等于或接近100分，说明企业的财务状况是良好的；如果综合得分低于100分很多，就说明企业的财务状况很差，应当采取适当的措施加以改善。

（二）对沃尔评分法的评价

沃尔比重评分法是评价企业总体财务状况的一种比较可取的方法，这一方法的关键在于指标的决定、权重的分配以及标准值的确定等。

原始意义上的沃尔比重评分法存在两个缺陷：一是从理论上讲，未能证明为什么要选择流动比率、产权比率、固定资产比率、存货周转率、应收账款周转率、固定资产周转率、自有资金周转率这七项指标，而不是更多或更少些，或者选择别的财务比率，也未能证明每个指标所占比重的合理性，所选定的七项指标缺乏证明力；二是从技术上讲，某一指标严重异常时，会对总评分产生不合逻辑的重大影响。这个欠缺是由财务比率与其比重相乘引起的，财务比率提高一倍，评分增加100%，而缩小1/2，其评分只减少50%。而且，现代社会与沃尔所处的时代相比，已经发生了很大的变化。沃尔最初提出的七项指标已经难以完全适用当前企业评价的需要。现在通常认为，在选择指标时，偿债能力、营运能力、盈利能力和发展能力指标均应当选，除此之外，还应当适当选取一些非财务指标作为参考。

第六章 大数据时代背景下企业财务管理变革

第一节 大数据时代对企业财务管理的影响

一、大数据时代对企业财务管理人员角色的影响

（一）大数据时代对财务管理人员角色的影响分析

如今，处于互联网信息时代，大数据技术迅猛发展，越来越多的企业在财务管理中运用信息数据技术，财务会计人员的工作任务得以减轻，不必再受限于传统的财务管理模式，而在企业运营中扮演着"管理者"的角色。

1.大数据时代为财务管理人员"管理"功能的发挥提供了条件

在企业发展过程中，财务管理主要负责核算、反映与监督工作。信息数据的采集是财务管理部门工作的重点。在对信息进行整理和归纳之后，财务管理人员根据信息提供的要素和内容为企业的管理提供指导，维护企业发展的秩序。然而，由于受到传统财务管理模式的限制，财务管理人员的工作职能仍旧局限于财务核算之中，管理职能并没有被充分挖掘出来。如今，随着信息数据技术渗透到企业的财务管理，财务管理人员的管理职能慢慢被释放，能够积极地参与到企业的经营管理当中。而且财务管理人员凭借着先进的技术手段和工具，提高了管理效率，优化了自身的管理职能，从而提高了企业的运营效率。

2.数据生产方式的转变

由于数据生产方式的转变，财务管理人员才能够进一步凸显自身的管理职能，更好地参与企业的财务经营管理。如今，由于大数据的应用越来越广泛，越来越多的行业运用大数据技术，提高了生产效率，而财务管理工作人员凭借着大数据的优势，解除了传统财务管理模式下工作职能的束缚。财务管理工作中收集到的大数据并不是静止不变的，而是动态变化的，能够实时反映市场中的供需变化情况。财务管理人员在收集到大量的信息之后，对其进行归纳整理，剔除无效价值的信息数据，获取真实有效的信息，然后递交专门的信息中心。负责信息管理工作的员工通过对信息进行分析，按照相应的标准，评估出企业的发展状况，然后为企业的发展提供相应的指导。

（二）大数据时代企业财务管理人员角色转变的策略

1.改变财务管理人员观念，提高其综合素质

除了外部因素的影响，思想观念的更新和素质的提高在财务管理人员从"生产者"转变为"管理者"的过程中起到了一定的推动作用。第一，从观念层面来看，在财务管理工作中，财务管理人员必须认识到自身的财务管理的工作内容，做好自己的本职工作，提高工作的主动性，积极地投入财务管理工作中。第二，从综合素质方面来看，财务管理人员必须具备以下两种技能：其一，IT技能；其二，事务惯例处理技能。IT技能能够帮助财务管理人员有效地发挥财务管理软件的价值，提高自身的信息评估与预测能力，帮助企业作出正确的发展决策。财务管理人员只有不断提高自身的能力，完善和丰富技能，使管理工具和管理系统得到不断优化，从而服务于企业的发展，提高企业的经营管理效率。如今，基于复杂多变的市场环境，财务管理人员要立足于为企业服务这个基本点，提高自身的信息处理能力，灵活迅速地为企业发展提供真实可靠的信息，然后借助相关手段使得决策更具程序化和自动化。

2.为财务管理人员建立统一的信息平台

如今，信息的生产和收集不再需要财务管理人员，通过专门的信息采集系统，信息数据可以实现自动化获取。而为了适应于现代化企业的发展，财务管理人员应当具有长远的目光，着重关注非结构化问题。比如，分析企业投资规划的合理性，根据信息数据提供的要素作出年度规划，帮助企业作出正确的发展决策，对企业的财务风险进行有效管理，等等。在此过程中，信息数据为管理提供重要的支撑，信息技术与财务管理的有机结合体现了大数据时代的特征与要求。

统一的信息平台能使信息快速传播，能使各个部门了解全面性的信息数据，以便更加深入地了解企业内部情况，及时对自身的工作进行调整，以此来适应企业的发展。而且，建立一个独立的信息中心能够帮助企业提高信息的处理速度，使信息的评估与预测更加真实可靠，有效降低财务管理成本，及时补充企业管理者的发展战略。通过对信息进行集中处理，企业的价值才得以凸显，形成一种整体经营模式，企业各个部门才能全面均衡发展。

3.改善组织结构和优化工作流程

首先，传统的组织结构灵活性较差，不容易调整，难以适应企业现代化的发展需求，为了改善这种状况，企业要不断优化组织结构，使其趋于扁平化和柔韧化，更具灵活性和变通性。从整体上来看，企业要建立一种扁平式的组织结构，实现管理、运行、合作、沟通四个方面的有效对接。除此之外，企业还可以建立一种虚拟化的组织结构，以虚拟化的

形式、关联性的思维有机地将表面上看起来没有任何关系的信息主体融合在一起，加强彼此之间的合作力度。其次，在工作流程方面，企业要减少那些复杂烦琐的工作程序，将剩下的所有流程纳入考察范围之内，做到全方位、全过程的监督，帮助企业有效规避风险。

4.加强企业内部控制，明确财务管理人员权责

由于信息技术的发展，企业能够快捷地处理和管理信息数据。在管理过程中，财务管理人员更加关注一些非结构化的信息数据。因此，财务管理人员能够自主地进行管理，充分发挥自身的主观意志。但是，过于强调财务管理人员的主观意志会造成权力的滥用，如果财务管理人员利用权力来谋取自己的不合法利益，会给企业带来较大的损失。在这一过程中，提高文化素质和法律意识是控制财务管理人员的有效手段。为了督促财务管理人员合理使用自主权力，企业需要从以下几个方面入手：第一，明确每一个岗位的工作内容，加强员工对自身职责的了解与认识，然后在后期工作中不断细化工作内容；第二，明确工作流程中的每一个环节和每一个步骤，全过程、全方位地监督工作流程；第三，从管控体系出发，不断完善相关制度，加强制度管理。从内部控制层面来看，企业主要从事前防范、事中控制、事后监督三个方面进行管控，实现对企业的全面控制。

二、大数据时代对企业财务决策的影响

（一）大数据时代下数据质量的保证

1.管理环境的挑战

在当前的社会背景下，社会每一个独立的个体都能产生大量的数据信息，企业的运营活动也可以通过数据来进行展示与衡量。因此，提高大数据的质量、对大数据进行有用信息挖掘、应用是企业迫切需要解决的问题。对于数据收集、存储等环节，公司必须制订详细而彻底的数据质量管理计划。在设计数据库时，必须考虑到大数据可能在各个领域产生的许多意外情况，并使用专业的数据采集和分析工具，专业的数据管理人才改进大数据的管理方法，增强数据员工的质量意识，确保大数据的质量，然后发现大量准确、合理、有用的信息。基于云计算技术，在当前的大数据背景下，对采集数据、制订管理方案以及发展计划的实施和评估造成一定的影响。根据研究方向和研究现状，在当今我国企业发展的全过程中，使用数据驱动的企业具有良好的内部内容和经营状况，显示了其经营状况的实际结果。大数据中的数据内容具有创新性，对知识经济时代各种规模经济的发展具有关键影响。大数据的应用早已成为企业完成智能化发展的关键要素，大数据为企业战略决策水平的内容提供了新的环境。

2.流程视角的挑战

从步骤的角度，即从数据生命周期的角度来看，数据生产过程可以分为三个环节：数据收集、保存和运用，对提高大数据的质量而言有不同程度的挑战。

首先，就数据采集而言，数据来源渠道不一决定了大数据类型多样。不同的个体、群体等产生的数据不同，因此数据来源渠道不一，相应的结构层次也不同。企业需确保所采集的数据质量符合要求且进行科学的分析与整合，任务艰巨。许多不同数据源的数据之间存在矛盾或差异。对于少量数据，通过编写简单的匹配程序甚至手动搜索的方式，就可以完成多个数据源的检查并精确定位不一致的数据。不过这种方法在大数据的情况下似乎并不具有足够的能量。另外，由于大数据的变化速度相对较快，因此某些数据的"有效期"较短。如果公司未实时收集所需数据，则有可能收集"过期"和无效数据，使得大数据的质量在一定程度上受到损害。数据收集环节是整个数据生命周期的开始，良好的开始才能为后续发展提供良好的基础。所以企业应从这一环节着手，找出产品质量问题产生的根源，进而保障从海量数据中提取出高质量的数据信息。

其次，由于大数据类型多样，因此对数据存储技术要求较高，单一的数据结构远远达不到存储需求。为了有效进行数据存储，企业应借助专业的数据存储技术和存储设备。据统计，当前国内多数企业运营数据以及业务活动所产生的数据大多是结构化数据，企业大多沿用传统的存储系统将数据存于关系数据库；而针对非结构化的数据，需要进行结构转化，以使其达到存储条件和要求。这种存储手段只针对少量数据而言，无法处理庞大的数据量，且在此条件下产生的数据结构烦琐、转换速度更快。一旦转换方法不合理，它可能立即危及数据的一致性、有效性。数据存储是数据质量的保证。如果不能以一致、详细和合理的方式存储数据，那么就无法谈论数据质量。因此，如果公司要充分探索大数据的核心概念，则必须首先将传统的结构化数据存储和处理方法更改为同时考虑结构化和非结构化数据存储和处理方法的另一种方法，并逐步提高企业的业务水平。在完善大数据的环境下加强数据库的基本建设，以确保大数据的质量。

最后，在数据应用程序环节中，数据价值的充分利用取决于对数据的合理分析和应用。大数据涉及许多应用者。在许多情况下，数据是连续获取、分析和升级的。在应用中，任何阶段发生的所有问题都将可能危害企业系统中大数据的质量以及最终管理决策的准确性。数据及时性也是大数据质量的关键方面。如果企业无法快速分析数据并不能立即从数据中获取有效信息，将失去抢占市场的主动权。

3.技术视角的挑战

在当前的社会背景下，如何保证所采集的数据的质量面临着巨大的挑战，这些挑战普遍存在于技术层面，比如数据存储系统构建技术、质量检测技术、有用数据识别技术、数据分析处理技术等。合理应用上述技术对大数据进行处理，不但可以帮助企业作出科学合理的发展预测，还能为企业的管理提供有力支撑。确保上述优势的前提是保证高质量的数据采集。

若企业数据量小，可以采用关系数据库进行数据存储。一般情况下，任何一个企业的数据库中都有至少上千条的数据信息，数据量小时可及时检测出数据库中未达到标准要求的数据，且测试时甚至可以"秒"为单位。在大数据发展的当代社会，企业所产生的数据量庞大且结构多样，每一条数据之间都有千丝万缕的联系。而要检测出未达到标准要求的数据，通常需要数百万甚至数千万的记录或句子。传统技术和方法通常需要几个小时甚至几天时间完成这项工作。从这个角度来看，大数据的环境对数据质量测试和管理方法提出了巨人的挑战。在这种情况下，传统的数据库技术、数据挖掘专用工具和数据清理技术长期以来无法应对大数据时代在处理速度和分析能力方面的挑战，这要求公司根据自己的需要制订合理的计划，引进先进数据存储设备，通过开发先进、智能、专业的大数据分析技术和方法，以完成大数据中数据质量问题的检查和识别，以及大数据集成、分析等实际操作，足够获得并探索大数据的潜在使用价值。

4.管理视角的挑战

从管理视角出发，重点是探讨企业管理层、专业的技术团队等为了保证数据质量所做的必要努力。

首先，企业管理层必须对大数据的管理手段有充分的认识且会合理应用，只有这样才能顺利构建一套行之有效的数据管理体系，有力推动实时监测数据质量。对数据的质量管理认识应从上而下深入每个员工，如此一来才能全面提升数据质量，最大限度挖掘数据价值，为企业精准定位以及提升核心竞争力提供保障。

其次，技术专业数据管理者的配置是确保大数据质量必不可少的部分。大数据本身的多样化使数据管理的难度大大增加，因此企业迫切需要相关的专业人才——熟悉相关技术、了解企业运营流程的复合型人员，而顶级数据官（Chief Data Officer，CDO）是其中的佼佼者，他是企业确保数据质量的中坚力量，能够根据企业的发展状况，制定相关的管理活动实施数据的高质量管理。

目前国内数据管理质量水平不高、方法落后的主要原因是缺乏CDO这样的人才，过时的数据管理方法是危害大数据使用和阻止大数据品牌推广的关键因素之一。在大数据的自然环境中，传统的数据管理方法远远不能满足数据质量的要求。过去，大多数公司负责整个运营过程中的数据，IT部门主要监管企业信息网络，如此分工明确的管理方式容易造成销售人员对分析工具的混乱使用；因不了解数据来源和数据代表的含义与价值，造成IT人员对数据分析错误甚至解释错误，不利于企业精准、有效地制定管理决策。因此，企业应进行资产重组以进行组织系统和资源分配，在企业管理层面设置数据分析、管理方法。CDO的存在是企业成功进行资产重组的关键之一。

另外，企业还应针对数据质量指标设置高端人才系统，包括数据库研发人员等。全方位、多角度、多层次保证数据质量，最大限度挖掘数据的隐藏价值，为企业创造最大效益。除此之外，企业内部人员应全面了解企业运营活动过程中所产生的数据信息，清楚数据的来源，如此一来，便于企业选取合适的人才来进行数据质量测试和处理。例如，在数据获取环节中，应由特定的专业人员负责记录元数据，以促进数据的呈现，确保企业的所有人员对数据具有一致且正确的理解，并确保大数据的质量。

（二）大数据对企业管理决策的影响

1.大数据环境下的数据及知识管理

（1）大数据的数据管理

大数据技术的发展不仅使企业的发展战略部署更加科学合理，也使企业的文化价值得到有效丰富与传递。由此可见，数据在企业发展中处于一个关键性的战略地位，因此，对数据质量、内容进行高效管理，对企业发展具有深远影响。若企业忽视数据管理与存储，就会造成大量有效数据得不到保存，对企业进行经济市场环境的分析有严重的负面影响，不利于提升企业核心竞争力。

传统上，人们认为财务会计的基本职责是核算和监督。企业财务人员的主要职责在于财务会计账单的审核、报告和存档等基本任务。这种布局将在大数据时代产生并且已经产生了变化。财务会计已从"核算财务"变为"价值提高"。大数据的数据管理方法过于烦琐，必须提取和集成整体解决方案，以确保大数据处理的质量。在此基础上，总结各种类型的信息和内容，并生成数据。数据处理必须满足相关要求，将数据实时分析的内容作为处理的关键内容，才能发现实时数据的实际作用。从表面上看，对实时数据的正确处理必须给予足够的重视，并且数据中间的相关内容显示出相关性特征。大数据的出现促进了数据中的各种内容显示出相关性特征，并改变了传统的因果关系管理体系。这种方法的变化促使大数据完成信息挖掘，提高信息的稳定性，最大限度挖掘三大数据的隐藏价值。

（2）大数据的知识管理

从知识管理层面出发，数据本身带有较高的专业知识属性，它是企业管理决策内容中不可或缺的重要因素。在当前的大数据时代背景下，企业要想在战略决策层面获得专业知识内容，就必须探索大数据的各种数据，然后获得丰富的知识体系。根据以上分析，数据管理方法和知识管理可以在一定程度上反映企业大数据的发展趋势，确保两个层次的协调发展，并鼓励企业在整个过程中深入探索和应用大数据，升级企业发展模式，提高企业综合竞争力。

在大数据时代，企业的自主创新主要围绕专业知识产权，且更新速度日益加快，产品制造时限更短；在大数据几乎占据半壁江山的社会背景下，基于通信网络平台，企业选择合作对象的范围更大，因此整个商业圈的经济主体结构在不断变化，企业间的合作方式主要是高度信息化的企业经营模式，属于一种非线性运作方式。企业对消费市场的划分主要基于类型多样的数据，行业间的融合也越来越容易，这种条件下，企业内外部信息、资源和其他要素的流动，有利于自组织现象的出现。以专业知识为关键因素的技术创新的影响使企业生态系统的起伏受到更大冲击。因此，宝贵的数据是企业制定业务战略、技术创新和发现消费者需求的指南针。它也是改变企业生态系统的有序结构，促进企业由原始的稳定状态进入新的稳定状态。

2.对管理决策参与者的影响

（1）凸显数据分析师的价值

在大数据的环境中，数据分析师已经展现了自己在企业战略决策的实际参与中的关键作用。数据分析师可以应用各种实现方法（例如统计分析和分布式处理等），基于大量数据对所有业务流程的实际操作进行合理的集成，并以便捷的方式将信息传递给领导者。但是当前缺乏数据分析师之类的杰出人才，此类人才必须经过多年的培养。大数据的内容改变了始终仅依靠工作经验以及自身专业知识和管理能力的管理决策方法。依靠直觉的判断方法也得到了改进，取而代之的是精确的数据分析，领导者的管理手段也发生了相应的更改。由于传统企业的生产经营过程相对缺乏数据的使用且数据缺乏完整性的特点，高层管理者只能根据自己的工作经验制定战略决策。大数据的出现可以基于数据的基本分析，从客观事实的角度考虑，并整合管理者的管理经验，这对管理决策的准确性具有驱动作用。对于企业的一般管理人员和员工，可以给他们提供管理决策所必需的信息内容，从而使企业决策内容对内部员工更有益，也能使管理水平更进一步得到提升。

（2）创新以大数据为基础的关键业务和活动流程

大数据技术日益发展，企业内外部环境中的各种要素也随之进行重新组合发展，以大数据为基础的关键业务计划的自主创新是企业生态系统核心竞争力背后的驱动力。基于大数据的自主创新的关键业务和活动计划包括以下三种。

①以大数据为基础优化业务流程，提高工作流程推进效率。例如，货运物流企业可以通过对合作伙伴的多维大数据进行分析，找到公司物流运输的最佳运输方式和路线，从而提高物流运输的效率。

②将大数据用作公司主题活动的重要资源，并基于发现业务生态系统合作伙伴的买卖数据，独立创新公司生态系统的价值主题活动，以及客户的购买数据和产品质量数据之类的重要资源改善产品的设计和特性，为企业创造新的价值突破点。

③用大数据主题活动替代企业的传统业务和步骤，为企业生态系统创建新的运营模型和合作方法，例如沃尔玛和宝洁，基于数据分析生成协同库存管理服务数据的更改，以及更改传统库存管理的业务类型。

3.对管理决策组织的影响

（1）重构决策权

大数据背景下，企业管理中的决策参与内容随着全员参与内容的变化而变化，后者使前者对决策权作出重新分配调整，并对企业的组织内容产生了严重的影响。通常从两个层次分析决策组织：一个是集中式和分散式决策的选择；另一个是决策权的分配。

从组织理论方面出发，通过深度分析集中与分散两种层次的决策内容，可以看出：企业组织全程很少会受到可预测的环境影响。在不可预见的环境中，分散的决策结构对于管理决策具有关键的指导意义。但是，在动态变化环境中，分散决策可以充分发挥集中决策无法发挥的作用，并有利于企业管理决策的制定。

此外，企业组织结构的内容仍在一定水平上受到专业知识的普及和专业知识迁移的影响。一旦企业内的高层管理人员处于集中状态，就必须根据集中决策结构来制定管理决策内容。

根据基于决策权实际分配的分析，企业在市场竞争中没有优势的关键原因是实际决策权并未分配给个人，而基本的人员的要素尚未得到准确评估，这严重影响了管理方决策的内容质量。员工在企业生产和经营的整个过程中掌握的专业技能和基本信息越多，理论上的决策权就应该越大，专业知识和权力在企业层面上的匹配程度就越高，它表示在开发各种管理方法时决策指标方面的内容越好。信息技术和互联网技术的当代发展，应建立在金字塔式代表的传统管理方法和组织方法的基础上。长期以来，它已逐渐成为人本思想管理的重要内容之一，企业的管理层次趋向简单，管理效率日渐提高。

大数据的发展，不仅使企业信息传递更加迅速，共享环境更加开放，也使企业普通员工能够了解到企业决策中的重要内容。这进一步推动了企业管理结构向简单高效的方向发展，利于企业管理层对资源分配以及发展决策作出相应的完善与更改。企业在制定管理决策之前应充分考虑并吸收采纳企业全体员工反馈的决策内容，结合大数据技术，构建最基本的管理体系。

（2）重塑企业文化

大数据的发展，使得企业的管理决策对企业塑造文化价值产生一定程度的影响，但值得重点关注的一点是，在这样的时代背景下，并非单纯依靠大数据提取出决策的相关内容，而是通过应用大数据获得一定启发，将大数据运用到企业管理方法的决策层面，合理改变思想层面的内容。当遇到重大决策时，有必要收集和分析数据内容，以确保各种类型的内容都能进行准确合理的决策。另外，要提高数据应用的实际执行能力，企业内部管理人员还必须基于数据促进企业内部管理策略文化的产生，并根据实际情况进行有效的分析。在企业发展的全过程中，为了利用大数据改善内部控制和管理决策的环境，企业管理者对企业的整体文化规章制度以及各种内容进行了自主创新，基于大数据提高总体决策的客观性。

为了从大量的数据中发现对决策具有实用价值的数据，企业必须经历一系列复杂的过程，例如发现、获取、生产及自主创新。此外，企业的所有人员都必须参与数据管理和操控，使企业决策可以有效覆盖到企业发展的方方面面。在一定程度上完善数据处理规则，在企业内部形成自上而下的数据管理与应用意识，从而打造良好的企业生态系统文化；构建制度文化，形成高质量采集、分析处理、传递、共享数据的完整体系；建立监测机制，高度保证数据安全等。

在企业内部形成一种高度重视数据管理应用的良好氛围，通过开展技能培训、数据知识竞赛等方式，一方面可以激励员工，另一方面可以加深其对数据的理解与应用，进而创建良好的企业数据文化。

（三）大数据对企业财务决策的影响

1.对财务决策工具的影响

在市场经济体制下，企业之间的市场竞争日趋激烈，有效的会计决策长期以来一直成为企业竞争的关键标准。适当的会计决策通常基于对合理的客观事实和许多相关数据的分析，这显然对企业软件技术提出了更高的要求。但是，当前的企业会计信息化只是将手动做账转变为计算机做账。只有少量的计算机会计系统可以分析和使用会计数据。当企业的会计决策者需要一些汇总数据，甚至必须从计算机化的会计系统中导出来，然后再开始进行人力资源整合，毫无疑问，这将直接损害企业的工作效率。在大数据的社会背景下，企业经营管理的决策相关数据规模更大、种类更多、结构更复杂，这在一定程度上反映出科学高效地应用数据并非易事。因此，企业必须时刻跟上时代发展步伐，加快企业信息智能化建设。

2.对财务决策参与者的影响

（1）更加有利于科学化的决策

在企业的传统决策模式下，企业管理人员决策的依据是主观经验。但是，社会发展迅速，企业面临的内外部环境因素变化越来越频繁，如果单纯依靠这种决策依据，他们可能就不会适应市场的发展趋势。企业发展必须依赖客观实际的数据信息，正确分析并从中挖掘出有实际价值的问题，以问题的分析结果为基础使决策更有具体倾向性。大数据有一个强大的功能，即信息挖掘，然后从挖掘出的有用信息中具体分析对企业发展有效的财务数据，并据此对未来发展作出有效预测。这样，依靠大数据来集成公司的会计数据和非会计数据可以防止部分由经验为依据制定决策所带来的风险。大数据不仅能够为企业管理者提供决策数据支撑，还能自动更新信息作为辅助支撑，从而促进更加智能化的决策进程，如此大大提高了效率。

（2）促进决策者与相关人员的信息交流

上述智能系统不仅能够使企业内部的信息交流更加便捷、共享程度更高，还能使企业从上而下随时随地地掌握企业的发展动态，了解企业决策内容。基于此，若企业高层能够克服各种障碍与一线员工一起奋斗并向他人学习，其决策的能力将得到进一步提高。大数据下的会计决策不仅有利于企业的内部信息交流与交换，而且有利于企业与会计师事务所、工商部门、税务部门等利益相关者之间的信息交流。随着云技术的发展，为了更好、更方便地使用云空间服务平台，公司将其业务数据存储在云端，而不是仅存储在公司的内部服务器上。企业运营过程中以及所进行的业务活动产生的一切数据都可以由政府相关部门直接进行管理，这样对企业的长远健康稳定发展有利无弊。

（3）提高了财务管理人员的专业要求

大数据技术日益发展成熟，企业紧跟时代发展步伐及时更新分析模型，能够实时处理企业财务数据、掌握流动资产去向、提高会计事务处理能力。而与此相对应的是，企业的专业会计部门应着重提高专业技能。财务人员不仅必须灵活地使用财务会计方面的专业技能，还必须在统计、计算机科学等方面储备专业知识，以便可以将其应用于更广泛的专业领域，以提高财务数据可视化水平。因此，大数据时代的会计人员应该学会创新，促进财务管理的自主创新。

3.对财务决策过程的影响

（1）在决策目标的制定方面

过去，企业的发展战略计划都是从产品出发；但在当今社会，企业必须着眼于消费者需求，学会从市场中收集客户信息，然后进行分析整理，制订相应的研发计划，比如第三方购物平台店铺实行的商品评价系统，消费者对产品的喜好对企业造成了非常重要的影响。大数据系统可以基于这种数据的融合和分析，总结企业当前的会计状况，并为企业未来的业务目标作出精确定位。

（2）在全面预算方面

销售市场充满不确定性。因此，企业必须根据当前的生产和运营状况，为将来某些阶段制订计划。但是，在此阶段，许多企业的总预算是根据企业管理人员的工作经验加上缺乏弹性的静态数据来创建的。大数据填补了统计调查方法的不足，因为从统计调查中提取的样本不易受到主观因素和多种因素的影响，从而增强了数据分析结果的真实性和有效性。可以在所有样本空间上创建基于大数据的业务数据分析，全面掌握企业所进行的业务进程，进而更加方便采集消费者信息与产品动态详情，基于此为企业制定动态财务预算，这更有利于企业应对风云变幻的市场。

（3）在成本核算方面

成本核算全程贯穿企业运营以及业务活动流程。财务人员的工作任务之一就是统计企业经营产生的费用，再结合产品的生产制造情况合理分配费用。只有拓宽数据来源渠道才能更加准确地转结所需成本和产生的费用。而大数据技术的发展，不但可以帮助企业拓宽数据来源方式，还能在一定程度上监督产品原料的规范使用。在上述系统中，企业的部分数据可以实现共享，比如企业员工的工资详情、产品的制造费用等，这样不但可以更加精准地进行成本计算，而且能够使企业效益最大化。

第二节　大数据时代下企业财务管理的挑战与变革

一、大数据时代对企业财务管理的挑战

（一）公司价值内涵与驱动因素的变化

在企业的发展过程中，企业都会以追求利润为根本宗旨。因此，学术界大部分观点认为企业价值实际上就是企业股价，以股价的形式直接阐明了价值的含义。然而，这种观点模糊了价值与股价之间的关系和界限，导致企业财务管理人员在进行决策的制定与信息的分析时会将"市价"作为重要的参考标准，过于强调了股价的价值。根据很多财务理论，多个方面因素形成了企业价值，如利润、现金流、净资产等，因此，财务管理人员一般会运用以下几种估值方法对企业价值进行计量：市盈率、市净率、市销率或者现金流折现法等。在这些方法中，它们更注重分析企业的盈利能力，评估企业现有的自由现金流情况，预测企业的股价走向。

但是，就股票市场来看，无论是国外还是国内，股票的价格走向都与科学的财务理论和原则不相符合。

综合对比，我们发现，大数据时代的到来在一定程度上转变了投资者的思维方式，使投资者的目光更加长远。因此，投资者不再仅仅关注企业发展当下的情况，将利润、股价作为投资的重点参考对象，而且也将企业的未来发展潜力纳入考察范围之内，重点评估企业的可持续发展能力。在计算公式的推导下可以得出，大数据的发展潜力非常大，具有不可估量的商业价值，能够给企业带来巨大的经济效益。同时，企业还可借助大数据优势，将海量的信息数据转化为自身的核心价值力。

因此，我们要从多个方面来对企业发展情况进行评判，不再将财务指标作为唯一的评判标准，而是更多地参考企业在未来发展中的实际价值。然而，在传统财务理论中，盈利模式则往往被很少谈及，社会普遍认为，商业模式与盈利模式没有必然的联系。大部分财务理论研究都没有详细介绍商业模式的相关内容，而只是寥寥几笔。就现实意义而言，在

金融市场中，企业所具有的价值才能够得以真正彰显。然而，从更深层次的意义来说，如果企业想要追求最大限度的利益，那么企业就要重点关注商业模式，不断对其进行创新，不断扩大具有实际价值的消费者群体，增加产品和服务的销售量。

结合相关数据可以发现，随着大数据时代的到来，企业发展的要求也越来越严格，而在商业模式中，创新和触网（接触互联网）才是最根本的价值目标。就目前来看，通过触网，企业能够利用信息攫取工具深入大数据的内部，筛选出最有实际价值的信息，了解市场需求的动态发展情况，从而确定与之对应的客户群体，根据顾客的消费需求变化不断调整自身的发展战略，满足客户多样化、个性化的消费需求。但是，在上述商业模式中，企业不再仅仅依靠资金，而且借助无形资本来实现运转，这些无形资本主要包括系统建设、品牌打造、服务优化、技术创新等。

（二）财务决策信息去边界化

随着社会和科技的发展可以发现，企业的信息管理系统不再仅仅局限于财务管理中的成本和风险管理，而是将财务管理中的所有项目都纳入管理范围之内，然后借助先进的技术手段和信息管理工具，建立一个系统完善的信息数据库，使得财务管理趋于程序化。我们在采集和处理信息时，必须扩大信息的收集范围，保证信息的全面性和可靠性。

凭借着信息数据的优势，企业能够通过最低的成本在短期内迅速获取具有实际价值的信息数据，而且这些信息数据都与自身的发展息息相关。在很多大型企业中，内部的各个系统、层级、部门各自运行的独立性逐渐消弭，相互合作已经成为主流趋势，彼此之间的信息交流更加密切，这也意味着企业的整体性都得到了一定的提升。

在一个企业内部，如果信息数据不能实现有效共享，得到整合和处理，那么信息数据的价值就会被作废，不再具有商业价值。在企业通过大数据优化自身发展的过程中，首要的前提就是将来自四面八方的海量数据汇总在一起，实现集中化管理。因此，传统财务管理实现完美升级的途径就是财务和业务两者实现有机结合，破除信息之间交流的障碍。

（三）投资决策标准变革

目前，学术界普遍流行的观点认为，企业要从财务资本回报率和股东收益两个角度来评判投资决策的价值和意义。在此过程中，财务会计人员会重点关注货币的时间价值，运用诸如净现值、内部收益率等指标，对企业投资计划的价值进行正确评估。在评估过程中，这些方法主要以投资项目预计现金流折现为出发点，具有一定的科学性和合理性，符合企业的发展特点。但是随着市场经济的不断深化发展，大数据技术的不断优化，上述价值评估方法逐渐不适用于企业目前的发展情况，存在一定的局限性。主要体现为两个方面：一方面，评估方法过于决断，一旦评估判断出现错误，就会影响到企业的投资方向，给企业带来巨大的损失；另一方面，对于那些现金流不是很理想的投资项目，上述评估方法不是最佳的方法和手段，不能满足于企业投资的所有需求。

因此，为了能够使评估结果更加全面和深入，企业不再只是以利润和现金流的角度来进行考察，而是依照多个方面。由于时代的特殊性，企业能够通过多种途径来获取大量的信息数据，了解到市场发展情况、消费者的信用水平、交易信息以及自身存在的风险因素等。企业要以关联性的思维来深入分析信息数据的内容，寻找各个信息主体之间的联系，不断挖掘新的投资机会。

在投资评估方法方面，企业通过借助大数据的优势不断清除自身的发展障碍，主要体现在两个方面：一方面，企业在海量的信息数据中筛选出有利的信息之后，对其进行加工和利用，才能够为投资决策的制定提供准确的信息支持；另一方面，信息数据技术的应用范围广泛，能够帮助企业解决现金流较少的投资项目难题。另外，大数据可以全面反映整个投资项目运行的全过程，企业也可借助大数据技术全面监督和控制投资项目的发展趋势。在投资项目得出结果之后，企业通过大数据技术进行验证和核对，比较预期结果和实际结果之间的差异，然后进行信息的反馈。

（四）企业治理创新

由于信息数据越来越多，越来越复杂，企业要想实现对内部管理的有效控制，就必须要合理利用信息数据。如今，企业传统的管理模式已经越来越不适应于现阶段的发展，因此，治理模式的创新已经成为必然趋势。

一般而言，企业要想实现触网，就必须采取合伙人制度。团队因素在企业发展过程中起到最为关键的作用，团队需要成员之间彼此相互信任，共同合作，通过技术创新不断推出新的产品和服务。因此，企业一定要注重团队合作，发扬团队的合作精神，才能从根本上取胜。如果企业员工想要获得成功，首先就必须具有创业精神，以自身的兴趣爱好为基础，才能在工作中投入大量的精力和时间，而在此过程中，员工将自身对工作的喜爱作为工作的动力，企业就不必设置考核机制来对员工进行考核。同时在他看来，尽管有的企业没有对企业员工设置严格的考核机制，但这并不说明企业发展不够积极，因为有的企业更加看重员工的工作主动性和积极性，倘若只是一味地设置KPI（关键绩效指标），不考虑员工的工作压力，员工就容易产生逆反心理，变得消极怠工。相对于结果，有的企业强调了过程的重要性，对于每一个环节、每一个步骤、每一位员工都认真负责，那么取得成功是必然的。

治理企业通常有四种方法，分别是内外部的控制、通过法律条例治理、政府的政策支持和市场营销手段。此外，社会发展越来越快，如果无法掌握先进的技术和一手的资料是无法在竞争激烈的市场立足的，所以这就对企业引进知识型、创新型人才提出了迫切要求。这些人才运用自己的储备知识可以为企业的发展提供源源不断的内生发展动力，极大地提高企业的实际价值。企业引进人才不仅可以和他们一起关注决定企业未来的发展走向，还可以极大地改变以前企业里员工不作为的企业决策文化，逐步建立起自己的企业文化，调动员工的积极性。

（五）重新建构企业的财务风险管控

一个企业想要发展好，资金链条一定要稳固，因而一定要重视企业财务。

第一，财务风险定义重构。财务风险不能再拘泥于传统去思考定义，应该立足实际，多角度、多层级、多方位地去定义，将成因、结果等因素都考虑进去。

第二，预防风险的措施重构。对于风险发生的趋向形式要多加注意，怎样的行为会产生风险也要多加注意。企业要因时而变，在大环境的改变中及时改变自己的风险应对措施，去衡量企业在风险和投资中的比例，不要因为风险大而错过极佳的投资项目，也不要因为风险小而盲目自信随意投资。

第三，对于风险的预测体系重构。企业不要过度依赖冷冰冰的测量仪器，那些仪器虽然精准但是没有考虑到现实生活中随时可能发生变化的因素，不具有可靠性。所以一个企业好的风险评估应该是在企业具体的经营状况的前提条件下，利用大数据和周围的市场竞争等因素一起分析得出结论。要记住立足现实永远不会错。所以对于企业的风险预测需要进行数据建模，对企业的相关未来发展态势进行预测。这个预测模型将全面应用于企业的风险预估，具体体现在投资方向、产品上市和市场竞争等。

（六）调整融资渠道

伴随着科技的进步，互联网的运用也在生活中愈加频繁，对于这一现象的出现，众多企业都改变了它们以往的经营模式，不再大量地投资现金，而是通过一些小投资发展企业。但是小成本资金显然不够支撑一个项目的运行，所以，就要利用其他供应商的资金一起推动项目的实施，这样既保证了自身投资风险变小，整体项目资金也不缺，而且还可以减少企业对银行的依赖，最大限度地实现企业自身的盈利，保证企业资金链条的稳定。

那么这样的企业资产模式主要得益于国家政策的支持，国家近几年来大力推行"去杠杆化"，使企业自身为了寻求更好的发展前景，减少银行对企业的束缚，增加企业的自身竞争优势。

在这个数据时代，借助着互联网的便利所在，企业应积极地改革传统财务模式，将融资、投资、经营三者有机地结合在一起，促进企业整体发展。

二、大数据时代下企业财务管理的变革

大数据一直处于动态变化的状态，呈现出持续增加的趋势。而基于现实背景，企业实现现代化已经成为必然趋势，财务管理工作与信息数据技术的有机融合也正是时代特征的重要体现。因此，我们将根据时代特征，进一步阐述企业财务管理的革命性变化。

（一）企业情报挖掘系统

由于世界经济体之间的联系日益紧密，一旦其中某一个环节出现变化，企业会或多或少地受到影响。因此，大数据时代对企业财务部门的管理工作提出了更高的要求，财务部门必须具备较强的信息收集和处理能力，根据市场反馈，为企业发展提供信息支持，帮助企业提高行业内的竞争力。在信息的收集方面，通过借助大数据优势，企业能够不断拓展信息收集渠道，丰富信息收集手段。从外部来看，企业主要有以下信息收集渠道：政策阅读、标杆性企业、客户数据、互联网渠道、竞争情报、外部环境等。从内部来看，企业主要有以下信息收集渠道：完善的信息系统以及相关网站等。企业内部的信息共享建立在完善的内部管理系统上，具有一定的保密性，不容易泄露。建立一个对大数据处理的平台能够帮助企业实现信息数据的有效处理，但这也需要企业具备过硬的计算机技术。

（二）大数据智慧预测系统

如今，企业发展的时代特征以大数据为主，企业借助大数据的优势，利用信息处理工具筛选出具有实际价值的信息，从而分析出企业发展的有利因素。而在此过程中，基于信息分析预估的需要，企业必须要建立一个科学合理的大数据管理系统，减轻财务管理人员的工作压力，使财务管理人员的工作更加集中，能够将充足的时间和精力投入在信息的预测、企业的决策工作上。从实际意义上来看，企业这样做的目的是帮助企业在大量的信息数据中筛选出有利的信息，然后根据信息提供的有利要素开展企业的生产运营工作，提高企业的竞争力。信息系统能够帮助企业准确定位目标客户群体，实现个性化的生产与销售，提高企业的经营管理水平。

（三）大数据舆情监测系统

大数据舆情监测系统主要具有两种功能：其一为舆论管理功能；其二为舆论分析处理功能。首先，第一个子系统主要负责舆论的管理工作，起到全过程监控社会舆论的功能，该系统主要借助于微博、论坛等社交媒体。其次，第二个子系统主要负责舆论的分析处理工作，在信息数据库中抓取引发社会关注的事件信息，然后按照相应的程序深入分析信息数据，分辨出企业存在的潜在风险，让企业做好充分的准备，提高风险应对能力。

（四）大数据用户评价互动系统

大数据用户评价互动系统立足于用户的个人体验，运用智慧语义感知技术，让用户在整个大数据时代中拥有发言权，帮助企业了解用户的体验感受和需求，然后企业针对用户的评价作出相应的回复，在彼此之间建立一个有效的沟通桥梁，实现有效的沟通与交流。大数据用户评价互动系统主要由四部分构成：第一，用户评价的自动分析；第二，用户评价的机器互动；第三，用户评价的实时聆听；第四，用户评价的挖掘。通过上述四个功能的实现，企业能够全面了解市场需求的动态变化发展，然后迅速作出反应，提升用户的体验感，树立良好的企业形象。

三、大数据时代下企业财务管理变革的基本路径

为了应对时代的挑战，在财务管理过程中，企业需要抓住时代机遇，借助时代的优势，对财务管理模式进行不断创新和改进。与此同时，观念也是影响企业发展的重要因素，企业必须要求员工不断学习新的知识，更新自身的知识体系，才能符合现代化企业发展的需求。在这种背景之下，财务管理人员的工作职能得以转变，而且财务部门的工作重点由财务信息核算转变为财务信息反映和监督。在发展过程中，企业将财务管理工作的内容更多地集中于信息的处理和预测上，减少了对会计核算工作的关注。因此，所谓大财务管理范围更广，蕴含着一些新的内容，体现了大数据时代的特征。大财务的出现也为陷入困境的企业寻找到一条新生之路，充满了活力，彰显出广阔的发展前景。具体的变革路径阐述如下。

（一）企业管理会计的面貌

利用大数据技术开展财务工作，将企业的运行状况转化为数据，对数据进行实时监督，实现了对企业的透明化管理。这种新型的财务管理方式，是对传统财务管理方式的突破，极大限度地利用了当下最新的科技成果，提高了企业财务管理工作的效率，也降低了传统管理方式耗时长、财务过程多有疏漏的局限。

（二）企业的财务管理工作更具前瞻性与智慧性

利用大数据，企业的运行状况全部由数据呈现，一目了然，企业进行财务管理更为得心应手。发挥大数据的优势，及时将企业的业务和经营状况转化为数据记录在案，企业的管理者就可以通过大数据对企业的运行进行实时监督，获取企业经营信息，为企业管理者的决策提供信息依据。另外，依托大数据，企业可以对下一年度的状况作出合理的推断，

为管理者提供经营策略参考。并且，企业还可以利用大数据加强对企业财务信息的管理，对企业的财务走向进行合理预测，并对企业的财务管理方案进行优化，使其更显企业财务管理的智慧。

（三）企业更易实现财务创新

利用大数据进行企业的财务管理，企业的各项财务信息通过互联网技术进行互通，大大提升了企业内部的信息交流，有力地保证了财务信息的及时性。并且，将大数据引入企业财务信息的管理，增加了财务信息的透明化，降低了股东为个人利益实施财务造假的可能性，从而减少了影响企业政策经营的因素。通过大数据对企业的财务信息进行整合，有利于发现企业现阶段财务管理的效果，发现企业财务管理中的不足之处，并有针对性地提出解决策略，从而推动企业财务管理的创新。

四、大数据时代下企业财务管理创新的路径

现阶段，市场正在前所未有的革新之中，经济社会复杂难辨，企业的数据也大大增多，使得企业的财务管理工作困难重重。企业若要获取后续的进步，就必须解决这个问题，主动找寻改变财务管理的有效办法。国家提出了新的解决路径，企业应该变革传统的财务管理模式，利用大数据技术推算企业的经营数据，推动其与财务管理深度融合。那么，企业应如何实现路径的创新，在此给出以下几点建议。

（一）培育大数据管理意识

随着大数据在各行各业的应用，其影响力越来越大，大数据在管理方面的优势已经显现得淋漓尽致。企业应该深入学习大数据，利用专业团队，将大数据与企业的财务具体管理结合，利用大数据实现对企业财务的有效管理。但是财务管理路径尚未实现创新，对大数据的运用还停留在十分浅显的阶段。还有部分企业尚未意识到大数据的优势，企业内部的财务信息还不能够及时互通，企业的财务管理仍存在着较大的局限。对此，企业不应墨守成规，一味依赖原有的财务管理方式，而应树立大数据管理意识，推动大数据与企业财务管理的融合。

（二）创新企业财务管理组织结构

多种因素都可能影响到企业财务管理的效果，财务管理的组织结构便是影响因素之一。因此，企业必须重视对财务组织结构的管理。当下，中国企业一般采取分割财务管理权力的形式，将财务管理权限具体划分到财务部、会计部、审计部等部门下，最终将大权

集中于企业的高层管理部门。如果要推动大数据和企业财务管理的深度融合，企业就应该对现行的组织结构作出相应改变，推动财务管理组织形式与大数据相适应。企业应重新认识企业的财务管理，以此为基础增添对大数据的管理，主要有三个方面的内容。其一，除原有的财务管理部门外，企业应另设部门，实现对财务数据的专门管理，并负责对企业财务大数据平台的维护和管理。其二，提升财务管理人员的大数据意识，加强对原有财务人员的网络办公技能的培训；明确管理大数据平台部门人员的入职要求，相关人员必须能够熟练处理数据，能从海量的数据中挖掘出潜在的、有价值的、有意义的信息，为企业管理有效分析并整理呈现。其三，企业要加强各财务管理部门的交流，培养部门间的合作意识，加强企业内部财务信息的联通。

（三）建立财务管理信息化制度

随着大数据与企业财务管理融合的深入发展，企业原有的财务信息化制度逐渐无法适应企业财务管理发展的形势，建立新的恰当的财务管理信息化制度刻不容缓。具体实施方案如下。

其一，营造适宜企业财务管理的网络信息环境。在这个过程中，企业要审慎思考，将可能影响企业财务管理的多种因素都纳入企业的整治范围内。其二，构建科学一致的财务制度。企业上下实行科学一致的财务制度，保证企业财务管理的秩序，有利于提高对企业资金支取的监管力度，防止企业资金被滥用或被个别人员盗用。其三，建立企业专用的财务数据中心平台。企业应聘请专业团队，为企业量身打造财务数据中心平台，提高企业对大数据的应用深度，从而提高企业对财务管理的质量；同时，企业要为平台配备专业的从业人员，注意提高相关从业人员的职业素养，确保从业人员能够熟练掌握大数据技术并且能够独自或在团队的帮助下完成对企业的财务信息进行深入处理，提取出数据反映的各项信息，落实从业人员对平台的维护和管理的职责。

（四）构建财务管理智能系统

利用大数据进行财务管理工作具有极大的便利性，其将大量而繁杂的信息都凝聚在一条条的数据中。但是，这也使得企业必须从更加繁复的信息中提取出潜藏的价值，提升了企业财务管理的难度。建立一套财务管理智能系统，能够有效解决信息处理过于复杂的难题，将先进的财务管理理论转化为计算公式，再将财务信息数据导入，便能通过算式直接将复杂的数据转化为需要的信息。由此看来，建立科学适宜的财务管理智能系统是促进企业财务管理进步的荦荦大端。当下，中国的多数企业尚未构建出适合自身的较为科学的财务管理智能系统，多数企业仍然坚持采用传统的财务管理办法，主要依靠人力来提取财务数据中隐藏的信息，效率不高且极容易出现疏漏。因此，企业在改进财务管理时应该注重构建出适宜的财务管理智能系统，发挥出现代技术的作用。

（五）提升数据管理水平

企业的数据林林总总，繁多且复杂，但仅从单项来看又总是一目了然，故而，许多企业都对数据抱有忽视心理。这些企业往往不注重对数据的解读和利用，业务经营的数据没有得到及时的记录和处理，造成了部分关键数据的缺失，从而影响企业最终对业务经营状况的评价，这是一种极其浪费数据资源的行为。并且，这类企业因为不注重对数据的管理，使得企业上下实行的数据管理的标准不一，大大降低了汇总数据对决策起到的参考价值。随着大数据的广泛应用，企业逐渐认识到其能够为财务管理发展带来的活力，改变了数据收集、储存、分析和应用的方式。

互联网技术推广开来后进一步发展，大数据应运而生。数据汇总后更加的庞大，其储存的方式也发生改变。在大数据与财务管理深入结合后，财务信息的提取和决策的决定都依靠于大数据的支持，在充分利用了企业数据资源的同时，也提升了企业财务决策的科学性，企业的财务管理活动有了科学可靠的数据支持。曾经，一方面，企业的各项数据被闲置；而另一方面，企业上层管理人员却缺乏足够的数据支持来推动决策的科学化。故而，企业要改进原有的数据收集方法，将企业中的各项数据纳入决策支持系统。

大数据在将各项数据都记录在案的同时，也提高了对数据的管理难度，过于庞大的数据信息对企业的储存手段提出了新的要求。然而，我国现今的企业信息储存手段还较为稚嫩，对数据的储存会在很大程度上降低数据分析和应用的效率以及质量。因此，企业需要改进数据储存方式，建立灵活的适用于当下发展状况的数据库。企业可以从改进储存技术入手，为数据库的建立提供硬件支持。同时，企业在构建数据库前应该做好规划，依照既定的方案，推动数据库的成立。

未经处理和分析的数据过于繁复，企业难以直接利用。因此，企业若要实现对数据价值的最大利用，则应加强对数据的分析，发掘其中潜藏的具有商业价值的信息。

现阶段，企业的财务管理活动已经大致掌握了数据收集的办法，但企业分析数据的能力有待提高，提取有价值的信息的效率较为低下。对此，企业需要加强对大数据的利用，提升提取信息的质量，推动企业决策科学化。

现阶段，因为大数据在企业中的深度推广，企业对经营数据的掌控更进一步。利用大数据得到企业需要的信息结果，为企业决策的制定和后续的经营发展提供财务方案的选择，助推企业的发展。

（六）建设大数据财务管理人才队伍

大数据为企业的财务管理发展提供了信息和技术两方面的支持。大数据在企业中的深度应用，使企业管理者对企业的把握更上一层楼。另外，大数据在财务管理中的应用，对企业的财务管理人员提出了更高的从业要求。员工必须同时掌握传统的财务管理知识和大数据技术，才能适应企业新的财务管理模式。然而，事实恰好与企业的预想相悖，能够同时掌握这两项技能的员工少之又少。在企业已经创造出了一套应用大数据的模式的情况下，从业人员也无法完成对大数据的深入应用。针对这种情况，企业应该主动培养财务管理人员的从业技能，通过培训的方式，使财务管理人员掌握相应的技能，打造一支专业强大的财务管理队伍。

第七章 财务风险管理的类型及影响因素

第一节 财务风险管理内容

一、风险的含义

有风险才有机会，风险是机会存在的基础。风险（Risk）与风险敞口（Exposure）这两个名词在含义上有着细微的差别，尽管这两个名词经常可以互换使用。风险指的是损失的概率（Probability），而风险敞口指的是损失的可能性（Possibility）。风险的产生是风险敞口的结果。

金融市场风险敞口会直接或间接地影响许多企业。当某个企业具有金融市场风险敞口时，它有可能遭受损失，同时也有可能获得收益或利润。金融市场风险敞口可能会给企业带来战略性或竞争性的优势。

风险是市场价格变化这类事件引起的损失的概率。那些发生概率较小但能导致巨大损失的事件尤其令人头疼，因为这类事件通常无法预料。风险也可被描述为回报可能的波动性。

风险并不总能也没有必要被完全消除，因此，理解风险这一概念对于决定如何进行风险管理至关重要。识别风险敞口与风险，是制定恰当财务风险管理战略的基础。

二、财务风险的产生

财务风险产生于各种具有财务性质的交易之中，这些交易包括销售和购买、投资和借贷以及其他各种各样的商业活动。法律行为新项目、企业收购和兼并、举债筹资以及能源成本的变化，都有可能导致财务风险的产生。同样，管理层、利益相关者、竞争者和外国政府的活动甚至天气变化，也有可能导致财务风险的产生。

价格的剧烈变动会使企业的成本增加、收入减少，即会对企业的盈利能力产生负面影响。这种财务上的波动可能还会使计划和预算、产品和服务定价以及资本配置变得更加困难。

财务风险有三个主要来源：

（1）企业在利率、汇率和商品价格等市场价格变化方面的风险敞口导致的财务风险。

（2）供应商、客户及衍生工具交易，对方等其他企业的行为及与其进行的相关交易导致的财务风险。

（3）企业内部行为或失误特别是人员、流程、系统方面的失误导致的财务风险。

三、财务风险管理的含义

财务风险管理是应对金融市场导致的不确定性的过程。它包括评估企业面临的财务风险和制定财务风险管理战略两个部分。其中，管理战略的制定应与企业内部的工作重点和政策相一致。提前应对财务风险能提高企业的竞争力，同时也能确保管理层、操作人员、利益相关者以及董事会在有关风险的重大问题上达成一致。

要进行财务风险管理，企业必须确定哪些是可接受或不能接受的风险。不采取任何措施的被动战略意味着默认接受了所有风险。

企业可利用多种战略和工具进行财务风险管理。企业需要理解如何根据自身的风险容忍度和风险目标，运用这些工具和战略来降低风险。

风险管理战略通常都涉及衍生工具。衍生工具是金融机构之间以及场内交易中广泛应用的交易工具。期货、远期、期权以及互换等衍生工具合约的价值，都是从其标的资产的价值中派生出来的。利率、汇率、商品、股票、固定收益证券、信用甚至天气等，都可以作为标的资产。

市场参与者为管理财务风险所用的工具和战略，与投机者为提高杠杆作用和风险所用的工具和战略是一样的。尽管有人认为衍生工具的广泛应用加剧了财务风险，但衍生工具的存在确实能够让那些想降低风险的人将风险转移给那些寻求风险及其机会的人。

人们非常希望能够预测财务损失发生的可能性。然而，标准概率理论用于金融市场分析时却经常失效。风险通常并不是孤立存在的，若想理解财务风险是如何产生的，我们就不得不考虑数种风险敞口之间的相互作用。有时候这些相互作用很难预测，因为它们最终取决于个体行为。

财务风险管理是一个持续进行的过程。财务风险战略的实施需要根据市场和条件的变化而不断进行调整，以反映出市场利率预期的变化、商业环境的变化或国际政治条件的变化等。一般而言，这一过程可以总结如下。

①识别主要的财务风险并区分优先顺序。

②确定合适的风险容忍度水平。

③实施与风险管理政策相一致的风险管理战略。

④对风险进行度量、报告、监控，并根据需要进行调整。

（一）多元化

多年来，对某项资产的风险的评估只考虑了其回报的波动性。与之相反，现代资产组合理论不仅考虑该项资产的风险，而且还考虑将其添加到资产组合中后，它对该组合的总体风险的影响。通过分散风险，企业有可能降低风险。

从资产组合管理的角度来讲，向资产组合添加单项资产，能在一定程度上提高多元化程度。多元化的资产组合包含着多种回报率不同的资产。换言之，这些资产彼此之间是弱相关或负相关的。企业可以将风险敞口看作资产组合，并且考察该组合的变化或资产的增加对总体潜在风险的影响。

多元化是财务风险管理的重要工具。将交易对方多元化可以降低违约等意外事件对企业造成负面影响的风险；将投资资产多元化可以降低由于某发行人破产而遭受的损失；将客户、供应商以及融资渠道多元化，可以降低管理层所不能控制的外部因素变化对业务造成负面影响的可能性。尽管实行多元化后企业遭受损失的风险仍然存在，但多元化却能降低出现巨大不利结果的可能性。

（二）风险管理过程

风险管理过程由一系列战略组成，这些战略使得企业能够管理与金融市场相关的风险。风险管理是一个动态的过程，应该与企业及其业务共同发展。它涉及并影响企业的多个方面，包括资金管理、销售、营销、法律、税务、商品和公司理财等。

风险管理过程包括内部分析和外部分析。该过程的第一部分是识别企业面临的各种财务风险并排出优先顺序，厘清它们之间的相互关系。为此，有必要考察企业及其产品、管理层、客户、供应商、竞争者、定价、行业趋势、资产负债结构及行业等因素。企业也有必要考虑利益相关者及其目标和风险容忍度。

一旦对风险的产生有了清晰的认识，企业就可以实施与风险管理政策相一致的风险管理战略。例如，以改变开展业务的地点和方式，从而降低企业的风险敞口和风险；也可以利用衍生工具对现有风险敞口进行管理。风险管理的另一种战略就是接受所有的风险和遭受损失的可能性。

风险管理有三种备选方法。

①不采取任何措施，主动或被动地接受所有风险。

②确定哪些风险敞口可以而且应该进行套期保值，然后对这部分风险敞口进行套期保值。

③对所有可能的风险敞口进行套期保值。

无论在决策者采取策略降低风险之前或之后，风险度量和报告都为他们提供了实施决策和监控结果所需的信息。风险管理是一个持续的过程，风险报告和反馈可以用于调整和改进风险管理战略，从而使整个风险管理系统更加完善。

积极的决策制定过程是风险管理的重要组成部分。降低潜在风险和损失的决策，为讨论重大问题及利益相关者的不同意见奠定了基础。

第二节 财务风险管理的类型

主要市场风险源于汇率、利率和商品价格等金融市场价格的变化。主要市场风险通常是企业所面临的最为明显的财务风险。主要市场风险包括外汇风险、利率风险、商品价格风险、股票价格风险。其他重要的相关财务风险包括信用风险、操作风险、流动性风险、系统风险。

数种风险相互作用可能会改变或放大它们对企业的潜在影响。例如，企业可能同时面临商品价格风险和外汇风险。如果这两个市场都朝着不利的方向变动，该企业可能会遭受巨大损失。

一、利率风险

利率风险有若干来源，其中包括：①利率水平的变化（绝对利率风险）；②收益率曲线形状的变化（收益率曲线风险）；③风险敞口与风险管理战略之间的不匹配（基差风险）。

利率风险是利率变化对企业盈利能力或资产价值造成不利影响的概率。利率风险会影响很多企业，包括借款人和投资者。它对资本密集型行业或部门的影响尤其明显。

利率变化通过资金成本影响借款人。比如，以浮动利率借款的公司借款人就面临着利率上升而使公司资金成本增加的风险。固定收益证券组合也会有利率风险，这种风险包括持有资产的收益率以及资本利得或损失的风险。

（一）绝对利率风险

绝对利率风险是由利率发生方向性变动（或升或降）的可能性所导致的风险。由于绝对利率风险易于观察，而且可能影响盈利能力，因此大多数企业都在风险评估中对其实施监控。

从借款人的角度来看，利率上升可能会提高项目成本，或者改变融资或战略方案。从投资者或贷款人的角度来看，利率下降会在投资相等的情况下降低利息收入，或者使持有的投资仅获得较低回报。在其他条件相同的情况下，久期越长，利率的影响就越大。

对绝对利率风险进行套期保值最常用的方法，是将资产和负债的久期匹配起来，或者用固定利率借款或投资来取代浮动利率借款或投资。另一种套期保值方法是使用远期利率协议、互换协议和利率上、下限期权及封顶保底期权等工具。

（二）收益率曲线风险

收益率曲线风险是由于短期和长期利率之间的关系发生变化而导致的风险。在正常的利率环境中，收益率曲线的形状是向上倾斜的。长期利率高于短期利率，因为期限越长，贷款人的风险越大。收益率曲线是陡峭还是平坦，会改变不同期限的利率之间的差额，从而影响企业的借款或投资决策进而影响盈利能力。

在收益率曲线倒挂的情况下，对短期资金的巨大需求使短期利率高于长期利率。收益率曲线的形状可能对应大部分期限或只在局部向下倾斜或比较平坦。在这样的环境中，期限较长的利率受到的影响可能比短期利率小。当企业的资产与负债之间存在不匹配时，应将收益率曲线风险作为利率风险的一部分加以考查。

当收益率曲线变得陡峭时，长期利率高于短期利率，这是由长期资金需求的增加引起的。也有可能是短期利率在长期利率保持相对稳定的情况下有所下降。收益率曲线越陡峭，短期利率与长期利率之间的差值就越大，债务的展期成本就越高。如果借款人面临的是一条陡峭的收益率曲线，锁定长期借款成本的成本就会比锁定短期借款成本高得多。

收益率曲线越平坦，长期与短期的利差就越小。例如，当长期利率下降而短期利率保持不变时就会出现这种情况。也有时能是短期资金需求略有上升，而长期资金需求没什么变化。收益率曲线越平坦，不同到期日之间的利差越小，因而债务的展期成本越低。

根据收益率曲线的走势选择使用衍生工具（利率期货和远期协议）的战略以及使用利率互换协议的战略，都可以充分利用收益率曲线的形状变化带来的好处。任何时候，只要资产与负债之间存在着不匹配，就应考虑收益率曲线。

（三）再投资或再融资风险

在投资或债务到期后按当期市场利率进行再投资或再融资时，如果当期利率不如预期的有利，就会产生再投资或再融资风险。不能确定的预测再投资利率，可能会影响投资或工程的整体盈利性。

短期货币市场的投资者面临着现有投资到期时市场利率可能下降的风险。购买可赎回债券的投资者也面临着再投资风险。如果证券发行人因为利率下降而将债券赎回，投资者将不得不按下降了的利率重新投资。与之类似，通过发行商业票据为长期项目融资的借款人，也面临着展期或再融资时利率可能升高的风险。因此，将融资的久期与基础项目的久期进行匹配，会减小再融资风险敞口。

（四）基差风险

基差风险是指，套期保值工具（衍生工具合约）波动的方向和幅度无法抵销标的风险敞口而导致的风险。任何时候，只要可能存在不匹配，都应考虑基差风险问题。有时，由于合适的套期保值工具过于昂贵或无法找到，某种套期保值工具会被用作代理套期保值工具以应对标的风险敞口，这种时候就可能存在基差风险。基差可能缩小也可能扩大，从而带来收益或导致损失。

狭义的基差风险用于描述期货价格。基差是现货与期货价格之间的差额。两种价格之间的关系会随时间而改变，并影响套期保值的效果。例如，如果债券期货的价格波动幅度与标的利率风险敞口的波动幅度不一样，套期保值者就有可能因此遭受损失。

如果期货价格由于受到限制不能完全反映标的市场的变化，也会产生基差风险。例如，对于一些规定了价格单日波动限幅的期货合约，这种情况就可能发生。在单日市场出现较大波动的情况下，一些期货合约的当日价格波幅可能达到了上限，无法继续变动，因而不能完全反映市场变化。

二、外汇风险

外汇风险产生于交易、会计和经济风险敞口。在以商品为基础的交易中，如果商品价格的确定和商品交易都是用外币进行的，也有可能产生外汇风险。

（一）交易风险敞口

交易风险通过损益表中的各项目影响企业的盈利性。它产生于企业的普通交易中，包括从商品供应商和其他供应商那里购买货物，用其他货币进行的合约支付，支付专利使用费和执照费，用本币以外的货币向顾客销售产品等。购买或销售用外币标价的产品或服务的企业，通常都面临交易风险敞口。

在全球经济中，交易风险管理可能成为影响企业竞争力的重要决定因素。几乎所有企业都会受到交易风险直接或间接的影响。

（二）会计风险敞口

会计风险通常指的是对财务报表进行会计折算而引起的波动，特别是资产负债表上资产与负债的变动。只要将资产、负债或利润从营业货币转为报告货币（母公司的报告货币），就会产生会计风险敞口。

从另一角度来看，会计风险会影响用外币表示的资产负债表中项目的价值，如应付或应收账款、外币现金和存款以及外币债务等，从而对企业产生影响。与涉外业务相关的长期资产或负债尤其会受到影响。

外币债务也可看作会计风险的来源之一。如果某企业用外币借款但没有对应的外币资产或现金流，那么外币对本币的升值就意味着外币债务折算后的市场价值也升高了。

（三）商品价格导致的外汇风险敞口

因为国际上很多商品都是用美元标价和交易的，商品价格风险会给非美国企业带来间接的外汇风险。即使购买或销售是以本币进行的，汇率也还是有可能被包含在商品价格里，或者构成商品价格的一部分。

在多数情况下，像其他交易一样，商品供应商要么将汇率变化造成的损失传递给他们的客户，要么由自己承担。

通过将风险分析为货币部分和商品部分，企业可以独立评估这两种风险，确定合适的战略来应对价格和汇率等的不确定性，并实现最有效的定价。

企业可以通过固定汇率合约来规避汇率风险。如果汇率朝着不利的方向变动，使用者就可以获得汇率保护。然而，如果汇率朝着有利的方向变动，合约购买者若没有固定汇率的约束反而能获得额外收益。后见之明于事无补，当风险敞口同时涉及商品和汇率时，套期保值者对风险敞口和套期保值市场都应有充分理解。

（四）战略风险敞口

主要竞争者的地理位置及其活动可能成为企业外汇风险敞口的重要决定因素。由于汇率的变动，战略或经济风险敞口会影响企业的竞争地位。经济风险（对国际客户的销售量下降）不会在资产负债表上表现出来，但其影响却会在损益表中得到体现。

例如，如果本币大幅升值，国内公司就会发现，虽然它千方百计降低生产成本，尽量压低销售价格，它的产品在国际市场上还是太贵。而如果该公司的竞争者恰好处在弱币环境中，那么其竞争者即使不采取任何行动，出口到国际上的产品还是比该公司价廉。

三、商品价格风险

绝对价格变化风险敞口是指商品价格上升或下降的风险。只要企业生产或购买商品，或者它的生存与商品价格相联系，它就会面临商品价格风险。

有些商品无法进行套期保值，因为该种商品没有有效的远期市场。一般而言，如果远期市场存在，期权市场就可能发展起来。期权市场既可以是交易所的形式，也可以是机构间的场外交易形式。

作为场内交易商品市场的替代物，很多商品供应商向客户提供远期合约或固定价格合约。金融机构在市场存在或有助于规避自身风险的情况下，也会向客户提供类似的产品。

在有些市场上，尽管金融机构可以从事商品衍生工具交易，但其所能够从事的商品交易类型却受到了相关法规的限制。

（一）商品价格风险

必须购买或销售的商品的价格有可能变化时，商品价格风险就会出现。如果非商品业务的投入、产品或服务与商品相关，那么非商品业务也会产生商品风险敞口。

商品价格风险会影响消费者和最终用户，如制造商、政府加工商和批发商等。如果商品价格上升，购买商品的成本就会增加，交易的利润就会下降。

价格风险同样也会影响商品生产者。如果商品价格下降，产品收入下降，营业利润也会下降。价格风险通常是影响商品生产者生存的最重要的风险，应灵活应对。

本地卖方和买方为了照顾本地客户，很可能会以本币设定商品价格。然而，如果以本币进行交易的商品通常是用其他货币进行交易（美元）的话，汇率就会成为影响该种商品总体价格的因素，这时就要进一步将货币风险敞口考虑进去。

有些企业通过用本币报价来帮助客户进行风险管理。企业可以在一段时间内固定商品的价格，或者在改变商品价格的同时允许客户以固定的汇率计算本币价格。在后一种情况下，货币风险完全由商品供应商承担。而对小企业和那些只偶尔购买某种商品因而不愿自己进行风险管理的企业而言，这两种方案都很有效。

（二）商品数量风险

企业对商品资产的需求是数量风险产生的原因。尽管数量与价格密切相关，数量风险仍然是一种商品风险，因为供给和需求是实物商品的关键要素。

例如，如果一个农民预期其产品的需求很高并相应地安排生产，那么他就面临着市场需求低于所生产的产品数量的风险。市场需求过低，可能是由若干该农民不能控制所导致的。这种情况一旦发生，即使价格没有大幅变动，该农民也会因为不能将产品全部出售而遭受损失。签订规定了最低商品数量的固定价格合约，就可以规避这种风险。

（三）期货顺价和期货倒价

在正常市场即期货顺价（Contango）市场上，未来交付的商品的价格高于现金价格或现货价格。较高的远期价格与从交易日到交付日持有商品的成本相对应，其中包括融资、保险和仓储等成本。现货买方会负担这些成本而期货买方不会。因此，期货卖方通常会要求一个较高的价格以补偿较高的成本。

一般来说，迟延交付的时间越长，卖方收取的仓储费就越高。当交割期临近时，远期或期货价格会与现金或现货价格逐渐一致。

市场并非总是遵循正常的价格结构。当市场对现货或近期交付的商品的需求超过供给，或供给出现问题时，就会出现市场价格倒挂即期货倒价（Backwardation）。如果市场参与者哄抬现货的价格，近期交付的商品价格就会超过远期交付的价格。

商品市场如果在一段时间中保持期货倒价状态，则很有可能给企业带来损失。或许公司猜测期货倒价状态还会持续，因而制定了相应的套期保值和交易战略。结果，当市场从期货倒价状态恢复到正常价格结构时，公司就会遭受巨大的损失。

（四）商品基差

基差是任何时点上现金或现货价格与期货或远期价格之间的差额。现货和期货价格之间的差额改变所导致的基差的变化，意味着套期保值者额外的收益或损失。远期或期货合约虽能规避价格风险，但不一定能规避基差风险。

假设现货和期货都是完全相同的商品，当期货合约临近交割日时，期货价格会向现货价格收敛，商品基差就会消失。基差变化可能给套期保值带来重大损失。

基差这一术语在期货市场上具有特定含义，在商品市场上也可以指特定的商品特性所带来的差异，如交货时间或地点质量。地点基差计算指的是通过调整市场价格（期货交易所决定的价格）来反映汽当地特征和价格。基差随时间而变。对使用不完全套期保值的套期保值者而言，基差也是一种风险来源。

（五）特殊风险

商品在若干方面与金融合约具有显著的不同，这主要是由于大多数商品都可能涉及实际交付。以电这种商品为典型例子，商品涉及质量、交付地点、运输、损耗、短缺和可存储性等问题，这些问题都会影响价格和交易活动。

另外，市场需求和替代品的供应也是需要考虑的重要因素。如果某种商品太贵而使其潜在替代品的价格变得更有吸引力，或者二者之间存在交付上的差别，那么需求可能会暂时转移，甚至可能会永久转移。

四、信用风险

信用风险是金融界和商业界最普遍的风险之一。总的来说，当企业有未收回的欠款或必须依赖于其他公司向它支付或代表它支付时，就应该考虑信用风险问题。如果交易对方对企业不存在净负债，那么对方的破产对企业来说就不是太大的问题，不过这在某种程度上还取决于法律环境的约束，以及单个合约中的资金是按净额计算还是按总额计算的。证券发行人等主体的信用质量的恶化，会使企业持有的证券的市值下降，因而也是一种风险来源。

到期时间、结算时间或期限越长，信用风险就越高。由国际性监管者缩短特定类型的证券交易的结算时间，是降低系统风险的一种尝试。系统风险建立在单个市场参与者风险的基础之上。当利率升高或经济基本面不佳时，系统风险也会升高。

所有依赖于他方进行支付和履行合约义务的商业与金融交易，都会使企业面临信用风险。交易对方风险敞口所导致的风险，通常被称为交易对方风险。

（一）违约风险

当借款人无力或不愿偿还所借款项时，就会产生违约风险。这种风险在放贷或投资中都会出现。风险数额等于违约数额减去可以从借款人那里收回的数额。在很多情况下，违约数额占了贷出资金的大部分甚至全部。

（二）交易对方结算前风险

除了结算风险，当对方违约或不按合同规定的条款履行义务时，企业就很可能需要按远不如前的价格签订新的合同，这时也会产生交易对方风险敞口。假设不要求全额结算风险数额就等于企业被欠的未来现金流的净现值。

潜在的未来交易对方风险敞口是对市场利率发生有利变动时的潜在未来重置成本的概率估计。市场利率变动对套期保值者有利，意味着套期保值者面临更大的未实现收益，但也意味着违约事件发生时更大的损失。风险数额就等于该企业可能被欠的未来现金流的净现值。

（三）交易对方结算风险

当发生与合同相关的支付行为，特别是交易双方间的交叉支付时，结算风险就会产生。它有可能导致巨大的损失，因为如果交易一方在结算过程中无法履约，交易双方间的全部支付数额都会面临风险。因此，由支付的性质所定，风险数额可能相当可观，因为名义数额可能全部面临风险。因为可能带来损失，结算风险是主要的市场风险之一。市场参与者和监管者都在采取措施降低这种风险。

结算风险同样存在于场内交易合约中。不过场内交易合约的交易对方通常是清算机构或清算所，而非个体机构。

（四）主权或国家风险

主权风险包括各种影响国际交易和资金跨境流动的法律、监管和政治风险。它通常产生于政府和国家行为，并且通常会导致显著的金融波动。任何对非国内企业的风险敞口都涉及对相关主权风险的分析。在政治不稳定地区，考虑主权风险尤其重要。

（五）集中风险

集中化是信用风险的来源之一。企业若对集中化程度较高的部门存在信用风险敞口，就面临着集中风险。由于行业或地区影响而未多元化的企业就存在着集中风险。尽可能提高多元化程度，可以非常有效地规避集中风险。

（六）法律风险

交易方无权或无力合法从事交易（特别是衍生工具交易）的风险，就是法律风险造成的。过去，交易方因未结算的衍生工具合约而遭受损失时，往往会发现是由于法律风险造成。因为许多衍生工具交易参与者都是企业为特殊目的而建立的全资子公司，所以交易方的法律结构就成为与法律风险相关的问题。

如果某实体的员工有足够的权限参与衍生工具交易，而该实体自身却没有，这时也会产生法律风险并可能造成损失。因此，企业必须确保交易对方有足够的法律权限参与交易。

五、操作风险

操作风险是由人为差错和欺诈行为、流程和程序以及技术和系统引起的风险。操作风险是企业面临的最大的风险之一，因为它可能造成多种损失，而且一旦发生，损失就会特别大。

（一）人为差错和欺诈

多数商业交易都涉及人的决策制定和人际关系。金融交易的规模和数量使得重大差错或欺诈的潜在破坏作用特别巨大。

（二）流程和程序风险

流程和程序风险指的是流程、程序、控制、监控和平衡等的缺失或无效而造成不利后果的风险。控制不足就是一种程序风险。

（三）技术和系统风险

技术和系统风险指的是产生于支持企业流程和交易的技术和系统中的操作风险。

六、其他类型的风险

其他类型的风险包括股票价格风险、流动性风险和系统风险，这些风险同样是金融市场参与者所关心的。内嵌期权（Embedded option）风险也是应考虑的因素。

（一）股票价格风险

股票价格风险会影响那些持有股票或其他表现与股票价格挂钩的资产的机构投资者。例如，投资于养老基金的企业就有可能面临股票价格风险，因为它的收益依赖于股息流以及股票价格的有利变动所带来的资本利得。这种风险敞口可能是针对一只或多只股票的，也可能是针对某行业甚至整个市场的。

股票价格风险也会影响到企业通过出售股权及与股票相关的证券来为经营融资的能力。因此，股票价格风险与企业获得充足资金或流动性的能力也有关系。

（二）流动性风险

流动性影响所有市场。它影响企业购买或出售某种证券或债务的能力（不管这种购买或出售是出于套期保值目的还是出于交易目的），或者进行平仓的能力。流动性也可以指企业有履行短期义务的资金实力。

流动性评估通常是主观的，并且涉及定性评价。流动性指标包括市场上活跃的金融机构的数量、平均买卖价差和交易规模，有时也包括价格波动程度。

流动性风险难以被度量或预测，但是企业可以尽量减少高度定制化的交易或非正常交易，或者减少流动性依赖于很少几个交易方的交易，因为这种交易的流动性可能很差。

企业没有足够的流动性来维持日常经营，是流动性风险的另外一种形式。企业如果在短期内出现现金不足，即使长期发展能实现足够的收入或销售，也会出现流动性问题，这时就不得不作出可能对长远发展有害的决策。

（三）系统风险

某个大型金融机构的破产，会引发多米诺效应，导致一系列企业破产，从而威胁到整个金融系统的完整性，这种风险就是系统风险。单个企业除了严格遵循风险管理原则外，很难有办法降低系统风险。较大的交易量（特别是外汇和证券交易）能提高市场流动性，从而使市场参与者受益。然而，较大的交易量也提高了系统风险。技术故障和重大事故也会导致系统风险。

（四）内嵌期权

内嵌期权是授予有价证券持有者或合约缔约方的期权，能向他们提供特定的权利。允许买卖某种东西是一种期权，它本身具有价值。比如，允许借款人在贷款到期日前偿还贷款就是一种期权。在这种情况下，如果借款人提前还款时必须支付一定的费用，那么这项期权就是有成本的。如果不需支付任何费用就可提前还款，这项期权对借款人就是免费的（至少看起来是这样），不过至少部分期权价值会隐含在贷款利率中。

内嵌期权通常是在企业发行的债券中包含的可赎回或可提前偿还等期权，以及其他一些类似的特征。内嵌期权也可能存在于企业与客户或供应商达成的定价合约中或固定价格商品合约中。期权持有者是拥有权利的一方，期权发行者是对内嵌期权履行义务的一方。

企业在制定风险管理决策时，经常会忽视或不重视内嵌期权。然而，内嵌期权会影响企业的潜在风险，同时也为风险管理提供了机会，因而应受到重视。

第三节　财务风险管理的影响因素

一、影响利率和价格的因素

利率和价格受到许多因素的影响。我们有必要首先对这些因素进行了解，因为它们最终会影响企业的潜在风险。

（一）影响利率的因素

利率是许多市场价格的关键组成部分，是经济状况的重要晴雨表。利率由实际利率加上预期通货膨胀率组成，因为通货膨胀会降低贷款人资产的购买力。期限越长，不确定性越大，利率也就越高。利率同时也反映了资金供求状况和信用风险。

利率对企业和政府来说尤其重要，因为利率是构成资本成本的关键因素。大多数企业和政府都需要通过发债来实现扩张和投资于资本项目。利率上升会对借款人造成显著影响，同时，利率也影响着金融市场上的其他价格，因而利率变化的影响非常深远。

构成利率的其他因素还包括反映借款人信誉的风险溢价。例如，政治和主权风险的威胁会使利率上升，有时上升幅度还很大。因为这些情况会导致违约风险的提高，投资者理应要求得到额外的补偿。

影响市场利率水平的因素包括以下几方面。

（1）预期通货膨胀水平。

（2）总体经济状况。

（3）货币政策和中央银行的态度。

（4）外汇市场活动。

（5）外国投资者对债券的需求。

（6）未偿国债的水平。

（7）金融和政治稳定性。

（二）收益率曲线

收益率曲线通过图示反映不同期限的证券对应的收益率。例如，收益率曲线可以反映期限从1天（隔夜）到30年所对应的收益率。采用的收益率通常是零息政府债券的收益率。

因为当前利率是对未来预期的反映，因此收益率曲线可以提供市场对未来利率的预期的有用信息。利用收益率的曲线所包含的信息，我们可以计算出从未来某个时点开始的期限的隐含利率。例如，使用1年期和2年期利率，我们可以计算出1年后的预期1年期利率。

市场参与者对收益率曲线的形状进行了广泛的分析和监控。作为一种对预期的度量，收益率曲线常常被视为未来经济活动的预测器，还可能预示经济基本面即将发生的变化。

正常情况下收益率曲线是向上倾斜的，斜率为正。这是因为占用资金的期限越长，贷款人/投资者对借款人所要求的利率就越高。借款人违约的概率会随着期限的增加而提高，因此贷款人需要得到相应的补偿。

构成收益率曲线的利率同样受到预期通货膨胀率的影响。除了本金和风险溢价部分外，投资者至少要从借款人那里得到按预期通货膨胀率计算的利息。如果投资者预期未来通货膨胀率会升高，则期限越长，投资者要求的补偿这种不确定性的溢价就会越高。因此，在其他条件相同的情况下，期限越长，利率就越高，这致使收益率曲线向上倾斜。

个别情况下，如果短期资金需求猛增，短期利率就会上升，并可能超过长期利率，这就会引起收益率曲线倒挂，变为向下倾斜。取得短期资金的高成本会减少本可以通过投资或扩张取得的收益，并且使经济变得易于衰退或萧条。利率上升最终会降低对短期资金和对长期资金的需求。当经济衰退发生时，各种利率都会下降，收益率曲线的形状也可能重新恢复常态。

（三）利率决定理论

用于解释利率期限结构及收益率曲线的一些主要理论有以下几方面。

1.预期理论认为，远期利率代表预期的未来利率。因此，收益率曲线的形状及利率的期限结构是对市场总预期的反映。

2.流动性理论认为，如果给予投资者额外的收益作为对缺乏流动性的补偿，投资者就愿意接受较长的利率期限。因此，该理论认为远期利率中包含着流动性溢价和利率预期的成分。

3.习惯偏好理论认为，对于那些更偏好某种期限的投资者，只要给予恰当的补偿，就可以说服他改变对利率期限的选择。这意味着，收益率曲线的形状取决于市场参与者的策略。

4.市场分割理论认为，不同的投资者因其业务性质和投资限制的不同，具有不同的投资时间范围，并且不会为了获得利率上暂时的好处而过多改变到期日。因此，投资时间范围较长的公司可能不会对短期的利率收益感兴趣。

二、影响汇率的因素

汇率由货币的供求决定，而货币的供求又受到经济中的要素、对外贸易和国际投资者活动的影响。资本流动由其规模之大，流动性之强，也是决定汇率的重要因素。

在实行浮动汇率制即由市场决定汇率的国家，影响利率水平的因素也同样会影响汇率。汇率对利率变化、预期利率变化以及主权风险等因素相当敏感。一些影响汇率的主要因素有以下几方面。

（1）不同货币实际利率的差值。

（2）以其他货币进行的贸易活动。

（3）国际资本和贸易流量。

（4）国际机构投资者的观点。

（5）金融和政治稳定性。

（6）货币政策与中央银行。

（7）本国债务水平（负债与GDP的比率）。

（8）经济基本面。

（一）汇率的主要决定因素

在过去，与他国进行的商品和服务贸易是汇率波动的主要决定因素，市场参与者为了了解货币的未来走势，需要严密监控贸易流量统计数据。如今，资本流动也成为影响汇率波动的重要因素，因而也日渐引起人们的密切关注。

在假定其他风险相同的情况下，短期实际利率较高的货币会比短期实际利率较低的货币更加吸引国际投资者。这些货币之所以更有吸引力，还得益于资本的流动性。

资本的自由流动使企业能够自由进行跨国投资和撤资，也使资本有更多机会获得更为安全的回报。一些货币在经济动荡时期特别具有吸引力，瑞士法郎、加元和美元都曾于不同时期成为"避风港"货币。

远期外汇市场与利率市场密切相关。在货币自由兑换的条件下，交易者可以不断地在远期外汇市场和利率市场之间进行套利，从而确保利率平价。

（二）汇率决定理论

用于解释汇率如何被决定的理论包括以下几方面。

1.购买力平价理论建立在"一价定律"的基础之上。购买力平价理论认为，不考虑流动性和其他问题的情况下，当不同国家的商品和服务的价格一样时，汇率即处于均衡状态。对于同一种产品，假设两国间的结构关系没有发生变化，如果本国价格比另一国上涨得多，那么本国货币相对另一国货币的价值就会下跌。

2.国际收支法认为，汇率是由贸易和资本交易形成的，而贸易和资本交易又影响着国际收支平衡。当国内和国际的贸易与资本交易都达到均衡时，汇率就处于均衡状态。

3.货币论认为，汇率是由货币供给与需求之间的平衡决定的。相对于贸易伙伴国，当一国货币供给增加时，其物价就会上涨，货币就会贬值。

4.资产理论认为，外国投资者选择持有某国货币，是基于与他国相比的实际利率等因素。

三、影响商品价格的因素

实物商品的价格受供求关系的影响。与金融资产不同，商品价格同时还受到诸如物理状况和地理位置等因素的影响。

商品供给是产量的函数。如果出现与商品的生产或交付有关的问题（粮食歉收或劳务纠纷），产量受到影响，供给就可能会下降。对于某些商品来说，供给和需求的季节性变动是很正常的，出现短缺也很寻常。

如果最终消费者能获得成本更低的替代品，商品的需求就会受到影响。如果存在供给或成本问题，消费者的偏好就可能在长期发生较大的转变，也会影响需求。

商品交易者对某些商品的价格变化趋势非常敏感，这可以体现出经济周期的不同阶段。比如，在经济周期的末期，由于经济扩张和需求的增加，基础金属的价格可能上涨。这些商品的价格被作为前导性指标而受到监测。

商品价格受到许多因素的影响，其中包括：

①预期通货膨胀水平，特别是贵金属的预期通货膨胀水平。

②利率。

③汇率，取决于汇率的决定方式。

④总体经济状况。

⑤生产成本和交付能力。

⑥替代品的可获得性以及消费者偏好和消费方式的转变。

⑦天气（特别是对农产品和能源产品）。

⑧政治稳定性（特别是对能源产品和贵金属）。

第八章　财务战略管理风险预警和防控

第一节　财务战略管理风险

一、财务风险的概念

广义的财务风险是指在企业的财务系统中客观存在的由于各种难以或无法预料和控制的因素作用，使企业实现的财务收益和预期财务收益发生背离因而有蒙受损失的机会或可能性。例如企业财产风险、企业员工的人身风险、企业责任风险、企业融资风险、企业投资风险、流动资金运作风险、收益分配风险、市场经营风险等。财务风险是指企业由于现金流量不足，不能及时偿还债务或维持正常经营而破产的风险。

二、财务风险的类型

财务风险可以分为两类：一类是利率、汇率、通货膨胀的风险；另一类是融资、投资、资金运作的风险。

（一）利率风险

在完全市场经济条件下，利率决定于货币市场的供求情况，资本供大于求，利率下降，反之上升。利率的上升和下降一方面影响了企业对外举债的难易程度，另一方面直接影响了企业的财务成本。这两方面都可能导致企业的财务危机。在我国的市场经济条件下，政府往往干预利率的升降，作为调控国民经济的货币政策工具，由于这种调控具有无法预测性，这就加大了企业的风险。

（二）汇率风险

汇率风险是指在一定时间内由于货币汇率变动所可能导致的经济损失。在现行的浮动汇率制度下，国际金融领域动荡加剧，各种经济的、政治的因素往往使外汇汇率在短期内大起大落，加大了国际贸易和借贷活动的外汇风险。

（三）通货膨胀风险

通货膨胀的基本特点是利率和物价的上涨。利率上升使得企业的融资成本上升，物价上涨导致企业的成本上扬，造成企业的盈利能力和偿债能力下降。

（四）经营内部风险

企业经营人员的素质、企业的产品品牌、类型都可能导致企业经营内部风险。

（五）市场风险、政治风险、违约风险和道德风险

地区性经济的繁荣和衰退也给企业带来了很大的市场风险，国家政治局势、税收和财政政策以及经济合同的另一方违约、经营者违反职业道德都可能给企业带来意外的损失和风险。

（六）融资风险

融资活动，是一个企业生产经营活动的起点。在市场经济条件下，由于市场行情的瞬息万变，企业竞争的日益激烈，都可能导致决策失误，从而引起筹集资金的使用效益具有很大的不确定性，并引起融资风险。融资风险主要表现在两个方面：一是企业资金来源结构严重畸形，举债比例过高，企业一旦发生亏损，就可能资不抵债，导致破产；或者企业资金来源结构合理但是资金流动性差，没有足够的货币资金来偿还到期债务，从而不能正常经营下去。二是由于利率、汇率的大幅度变化，使企业的资金成本大量增加，从而对预期的财务收益产生不利影响。

（七）投资风险

投资风险是指投资过程中或投资完成后投资者发生经济损失和不能收回投资，不能带来预期收益的可能性。它主要由两部分构成：一方面，在长期投资中，由于投资额、投资回收额、投资项目使用期限的大幅度变动，使投资报酬率达不到预期的财务目标而发生的风险；另一方面，在短期投资中，由于各项流动资产的结构不合理、信用政策制定的不恰当，受市场供求情况及资金时间价值的影响而发生的风险。

（八）流动资金的收回与运作风险

流动资金的回收一般包括两个过程，一是从成品资金转化为结算资金的过程，二是从结算资金转化为货币资金的过程。这个转化过程的时间和金额的不确定性，形成了企业的

流动资金回收风险。流动资金的运作也充满了风险，一个企业如果流动资金管理不当，会产生不能按期偿债的风险，使企业陷入财务危机，这就是企业的流动资金运作风险。

（九）收益分配风险

收益分配风险是指由于收益分配可能对企业今后的生产经营活动产生不利影响。这种不利影响有些是显而易见的（偿债能力下降），有些是潜在性的（企业声誉下降）。

三、财务风险的预测

财务风险预测就是对已经识别出来的风险进行定量描述。在现实生活中，企业财务风险是多种多样的，其发生的时间、空间、损失的严重程度都具有不确定性，但通过对大量事件的观察却发现财务风险事故的发生又呈现出某种统计规律性。因此，凭借概率论和数理统计方法，求出财务风险事故出现状态的各种概率，可以达到财务风险预测的目的。

在概率论中，随机变量随着试验结果的不同而取值不同。在风险管理中，常常定义损失的结果为随机变量来进行统计研究。财务风险管理者关心的不仅是这些结果出现与否，还关心这些结果以什么样的概率发生，以及它们会给企业带来多大的损失。概率分析理论在风险管理中就可以定量地描述各种损失结果以及对应的发生概率。因此，财务风险 R 可以用下列函数式来表达：

$$R = f(p, o)$$

其中：p——风险结果发生的概率；

o——风险带来的损失程度。

在采用概率论的数学方法预测企业的财务风险时，企业首先应建立财务风险的损失概率分布，通过损失概率分布风险，管理者可以预测企业发生财务风险的概率，计算出损失的期望值、标准差等，从而确定企业相对风险程度。通过损失概率分布，可得到某一事故发生及其损失的概率，以及损失范围的概率。确定损失概率分布通常有两种方法：一是根据企业过去的损失资料，给出损失概率分布表；二是根据大量重复观察，统计出损失发生的规律。在损失概率分布中，常用一些参数来描述整个损失概率的分布，其中最常用的参数是：数学期望值 $E(x)$、标准差和风险度。

如果两个方案的数学期望值 $E(x)$ 相同，标准差越大，风险越大；反之，标准差越小，风险越小。如果两个方案的数学期望值和标准差都不同，就不能单独考虑期望值的大小或者标准差的大小。这时，企业可以采用风险度 FD 来表示风险的大小。风险度 FD 是用标准差除以数学期望值的商来表示风险大小的一个量指标，即：

$$FD = 标准差 \div 期望值$$

风险度越大，单位期望值的平均标准差越大，风险就越大，就是说，可能遭受损失越大；反之，越小。

当然，由于决策者对风险的态度并不相同，所以，也不能以偏概全地认为凡是风险度最小的就是最好的，就是最适合企业的，要根据企业的实力和承受能力进行风险和收益之间的衡量。

第二节　财务风险预警系统

一、财务风险预警的目标

预警是度量某种状态偏离预警线的强弱程度、发出预警信号的过程。所谓企业财务风险预警系统，是指为了防止企业财务系统运行偏离预期目标而建立的报警系统。建立完善的财务风险预警系统，是企业降低财务风险的关键所在。首先，通过财务风险预警系统，企业可以预测财务风险是否存在，如果存在风险可能造成的损失程度如何？众所周知，风险和收益是并存的，企业在实施某一方案之前，通过对财务风险的存在及其产生的原因进行宏观分析，大量运用概率分析、风险决策值、弹性预算等，保证发生意外风险时可以有效应对。其次，通过财务风险预警系统，企业运用定性分析和定量分析法，观察、估计并监督企业的财务风险状况，及时调整企业的财务活动，控制出现的偏差、制定出新的举措，有效地阻止和抑制不利事态的发展，将企业的财务风险降低到可控范围，减轻损失程度，保证企业生产经营活动正常进行。再次，通过财务风险预警系统，企业以财务风险分析资料为依据评价指导企业未来的财务风险管理行为，制定今后财务风险管理的方向和措施。因此，对已经发生的风险，企业要建立财务风险档案，总结财务风险管理的经验教训，以避免同类风险继续发生。最后，通过预警的实施，收集了企业运行大部分重要资料，这些资料可以供内部部门使用，调整自己的工作方案，同时，也可以在企业进行资本运作时提供重要参考。

企业财务管理的目标是"股东财富最大化"，这反映了财务风险管理是企业盈利管理不可分割的一部分，企业是股东为了增加财富创建的，股东财富最大化就是企业价值最大化，而股东财富最大化的一个标志就是企业股票价格的上升。在股票市场上，股票的价格反映了投资大众对公司价值的评价。企业财务风险的高低直接影响着股票的价格。因此，建立企业预警系统，控制企业的财务风险，树立股民的信心，提高股票的市场价值，是增加股东财富有效的、必要的途径。

在当前我国的经济环境下，资金周转速度迟缓仍然是影响企业正常运营的一个重要因素。而资金的及时周转确实保证企业生存能力的一个重要条件，所以，近年来国内一些大型的企业不断地提出以资金、成本管理为重点，通过强化以资金为中心的财务管理来完善企业资金运营制度。企业财务工作是否有效，必然会体现在该企业经营资金运动的状况和结果上，变现为财务状况的好坏和财务成果的大小。企业财务风险，其实就是财务成果的风险和财务状况的风险。具体来说就是表现为企业财务状况和财务成果上的不确定性。企业财务风险预警系统，实质上是根据企业经营状况波动的原因和特点，通过对企业财务状况和财务结果的综合评价，以获得企业经营运行可能出现的波动乃至动荡的信息，并进行超前预测的体系。它是主要针对企业的资金进行设计的一个预警系统，因此有关企业经营情况的综合评价是企业财务风险预警的基础。

二、财务风险预警的系统结构与子系统

财务风险预警系统主要包括财务风险信息子系统、财务风险预测子系统、财务风险预警判别子系统、财务风险警报子系统、其他方面报警系统。

（一）财务风险信息子系统

财务风险信息子系统是保证风险管理者获得高质量信息，充分识别正确分析财务风险的保证和前提条件。该子系统由采集、存储、加工、处理、传输、显示、利用等环节构成，各种原始数据经过上述几个环节，最终形成有用的财务信息。影响财务风险信息的因素主要有原始数据、信息设备、财会人员、会计信息的处理方法等。为了获得准确、完整、及时和有效的信息，正确识别财务风险，企业应对上述因素进行综合处理和控制。例如，企业可以运用计算机改善信息处理设备，提高信息处理效率，保证信息的及时性。为了保证信息利用的质量，企业应加强培训以提高财务人员的素质。

（二）财务风险预测子系统

财务风险预测子系统是对已经识别出来的财务风险进行定量描述，确定风险事件发生的概率和该事件可能造成的损失程度。由于企业的财务风险存在于企业的财务系统之中，财务风险的发生会引起企业财务一系列因素的变化，这些变化都会不同程度地反映到财务指标上来，因此企业可以通过设置一些适当的财务指标和采用科学的方法建立财务风险预测模型，通过预测模型来确定财务风险发生的概率。此外，企业也可采用概率论中随机变量分布来预测。

（三）财务风险预警判别子系统

财务风险预警判别子系统主要是判别各种影响财务风险的指标和因素是否突破正常警戒线。企业在设计财务风险预警判别子系统时，可采用指标体系来综合评价企业的财务风险。偿债能力指标反映企业偿债的安全性取决于短期负债的偿还能力；营运能力指标分析企业销售能力和应收账款的回收速度，揭示企业资金流动速度及企业销售情况和正常支付能力；盈利能力指标评价企业的资本金收益水平和获利能力。八大指标构成一个有机整体，能充分地反映企业的实际情况。企业可以利用层次分析法将企业的综合情况进行量化，以判断企业所处的状态。

（四）财务风险警报子系统

财务风险警报子系统是通过对影响企业财务风险的一些指标进行历史现状趋势分析评价，确定这些指标变化的正常界限，即确定预警点。如果某指标接近预警点，企业财务状况可能脱离正常的进行范围，即出现警情，这时企业根据判断结果发生警报（低度警报、中度警报、高度警报），企业的决策者根据发出的警报及时采取有效对策，防止企业财务与经营出现超常波动，避免重大损失。

（五）其他方面报警系统

以上四部分主要是针对资金流设计的企业财务风险预警系统，然而企业是一个复杂的系统，针对人流、物流、信息流建立报警系统也是企业财务风险预警系统的一个组成部分。例如，对于人流来说，人的素质下降特别是失去了一个关键人物往往给企业带来危机，甚至危及企业的生存。在建立市场经济的过程中，企业的劳动力要素流动性增强，因此建立针对人流的企业财务风险预警系统更为重要。同样，上面提到的其他风险防范系统共同组成了企业完整的财务风险预警系统。

总之，财务风险预警系统是一个很复杂的大系统。根据该系统的结构，可知财务风险预警系统具有下面的特点：一是参照性。根据企业发展规律和结构特点，从众多的财务指标中选出能灵敏准确地反映出企业财务风险发展变化的指标及指标体系，运用数理统计学的基本原理等相关知识预算指标以及指标体系，反映企业发展中所处的财务状态，为企业决策层提供决策依据。二是预测性。企业财务风险预警系统可以预测企业发展趋势和变化，而这是企业面对风险能及时从容应对的一个关键。总之，企业财务风险预警系统建立后，根据预警指标系统，可以找到企业现实中存在的缺口，找到内部管理的薄弱环节，同时还可以对企业进行动态的监测与管理，从动态中发现问题、解决问题，从而实现动态调控，将问题解决在萌芽状态中。

三、财务风险预警的方法

预警指标与临界值

预警指标是测定企业财务风险的主要财务依据。对于每一个具体的预警指标，企业应根据实际情况确定相应的预警点，以判断企业的财务状况是否正常，财务风险是否存在。在企业日常财务风险管理中，企业应每隔一段时间，将预警指标与临界值进行比较，若预警指标临近或突破预警点，可根据具体情况发出警报。在企业实际财务风险预警管理中，下列财务指标常被用来判断企业的财务状况是否处于危险状况。

1.流动比率

流动比率是指流动资产和流动负债的比例。这一指标是衡量企业短期偿债能力最通用的指标。一般惯例，要求流动比率达到或者超过2∶1，才足以表明企业财务状况稳定可靠。但是在实务中不能一概而论。该指标的预警临界值为1.5∶1，即当企业的流动比率降低到150%以下时企业应当发出警报，当然还要具体结合其他预警指标来决定是否发出预警。

2.应收账款周转率

应收账款周转率是指企业一定期间赊销净额与应收账款平均余额的比率。其计算公式为：

应收账款周转率＝赊销净额 ÷ 应收账款平均余额

同时也可以用应收账款的周转天数来反映应收账款的周转速度。其计算公式为：

应收账款的周转天数＝365÷应收账款周转率

其反映了企业从销售发生到收回现金的平均天数。应收账款周转率是其变现速度的反映，应收账款在一定时间内完成的周转次数越多，完成一次周转所需的天数越少，则表明其变现速度越快，从而也意味着企业偿债能力和支付日常开支的能力的增强。该预警指标的临界值根据企业的业务性质和历史管理情况以及企业的规模等因素综合确定。如飞机厂的应收账款周转率预警临界值可以适当放低，而商业企业的应收账款临界值则应当适当提高。企业应把观察到的指标同正常信用条件下的指标值相比较，如果发生较大差异，则说明企业对应收账款的催收工作不力，使过多的营运资金呆滞在应收账款状态上，应引起管理者的注意。

3.存货周转率

存货周转率是指销货成本与存货平均余额的比率。它是衡量企业销货能力强弱和存货是否过量的指标。其计算公式为：

存货周转率=销售成本÷平均存货量

存货周转天数=365÷周转率

在通常情况下，存货周转越快，则利润率越大，营运资金中用于存货上的金额较小。所以，存货周转率与获利能力直接相关。将该指标与正常年度的存货周转率或天数相比较，就可以衡量存货周转率的高低，若存货周转天数超过正常年度的存货周转天数，则表明存货周转慢，企业获利能力较差，财务状况差，需加以注意。

4. 资产负债率

这一指标反映债权人所提供的资本占全部资本的比率。该比率越低，债权人的保障程度就越高，债务人的风险也相对越小，但如果该指标过低，则对企业经营发展也不利。该指标的正常值为50%。临界值为35%～65%。

5. 销售收入经营收益率的变化率

其计算公式为：

销售收入经营收益率的变化率=经营收益÷销售收入×100%

该指标的临界值为大幅度减少或接近负值。

6. 经常收益增长率的变化率

其计算公式为：

经常收益增长率的变化率=当期经常收益÷前期经常收益×100%

该指标的临界值为大幅度降低。

7. 销售收入利息率的变化率

其计算公式为：

销售收入利息率的变化率=支付的利息÷销售收入×100%

该指标的临界值为6%以上。

8. 经营债务倍率

其计算公式为：

经营债务倍率=经营债务÷月销售额

该指标的临界值为4倍以上。

9. 金融负债倍率

其计算公式为：

金融负债倍率=金融负债÷月销售额

该指标临界值为4倍以上。

10. 总资本经常收益率

其计算公式为：

总资本经常收益率=平均收益÷平均总资本×100%

该指标的临界值为大幅度减少或者接近负数。

11.负债比率

其计算公式为：

负债比率＝负债总额 ÷ 自有资本 × 100%

该指标的临界值为大幅度升高。

12.自有资本率

其计算公式为：

自有资本率＝自有资本 ÷ 总资本 × 100%

该指标临界值为大幅度降低。

13.长期适应比率

其计算公式为：

长期适应比率＝固定资产 ÷（自有资本＋固定负债）× 100%

该指标的临界值为降低到100%以下。

在以上预警指标中总资本经营收益率、销售收入经营收益率的变化率、经常收益增长率的变化率是检查收益情况的指标。如果这些指标大幅度下滑，那么出现了危险的信号，特别是出现了负数就必须引起注意。接着可以再分析销售收入利息率的变化率是否接近6%，一个利息负担过重的企业想要提高经营收益是比较困难的。然后分析负债比例，经营恶化的企业一般都是债务偿还困难，而且金融借款也有所增加，所以资本亏损被并侵蚀，如果负债增加的话，那么自有资本比率也将下降。在上述情况下，长期适应比率和流动比率将趋向恶化。企业根据经营债务倍率以及金融负债倍率是否超过4倍，同时也能判断恶化的程度。

四、警报的发出

企业财务风险警报发出的基本原则如下。

（一）低度预警

当企业资产负债率没有突破临界值，而流动比率、应收账款周转率、存货周转率有一项突破临界值时，即发出低度预警。当总资本经营收益率、销售收入经营收益率、经营收益增长率这些指标有大幅度的下降时，即发出低度预警，当上述预警指标未突破临界值，但有四个以上指标的数值接近临界值时，则发出低度预警。

（二）中度预警

当资产负债率一旦突破临界值，则发出中度预警。虽然资产负债率未突破临界值，但总资产经营收益率、销售收入经营收益率、经营收益增长率这些指标出现了负数，即发出中度预警。当以上指标全部接近临界值时，即发出中度预警。当负债比率大幅度升高，经营债务倍率和金融债务倍率超过4倍以上时，即发出中度预警。

（三）高度警报

当上述预警指标均突破临界值时，则发出高度警报。当资产负债率突破临界值，存货周转天数、总资本经营收益率均突破临界值时，则发出高度警报。当自有资本为负的话，则发出高度警报。此外，是否发出低、中、高度警报，还应考虑到整个宏观经济大形势、进口产品对行业的冲击、本企业市场占有率的变动或有负债等因素。同时，当企业出现一些大的失误，也应该视情况发出警报。

企业财务风险主要包括融资、投资、流动资金运作和收益分配风险四部分，以下各节分别介绍上述四种风险的预警。

第三节 融资风险的预警和预控

一、融资风险的预警

融资活动，是一个企业生产经营活动的起点。一般企业筹集资金的主要目的，是扩大生产经营规模提高经济效益。如果企业决策正确管理有效，就可以实现其经营目标。但是在市场经济条件下，由于市场行情的瞬息万变，企业竞争的日益激烈，都可能导致决策失误，管理措施失当，从而使得筹集资金的使用效益具有很大的不确定性，由此产生了融资风险。因此，所谓企业的融资风险是指企业因借入资金而增加的丧失偿债能力的可能性和企业所筹集资金达不到预期收益的可能性。企业融资渠道可分为两类，一类是所有者投资（主权性融资），另一类是借入资金（债务性融资）。对于借入资金这一类融资活动而言，融资风险的存在是显而易见的。借入资金均严格规定了借款人的还款方式、还款期限和还款金额。如果借入资金不能产生效益，导致企业不能按期还本付息，就会使企业付出更高的经济代价，例如向银行支付罚息、拍卖抵押财产、引起企业股票价格下跌等，严重的则会破产倒闭。因此债务性融资的风险，表现为企业能否及时、足额地还本付息。对于所有者投资而言，它不存在还本付息的问题，这部分资金属于企业的自有资金，其风险只存在于其使用效益的不确定上。投资者向企业投资，总是希望得到较高的投资回报，如果投入资金不能产生效益，不能满足投资者的收益目标，就会给企业今后的融资带来不利影响。一般来说，投资者投资产生的融资风险要小于借入资金产生的风险。这是因为投资者投资的风险由企业和投资者共同承担，而借入资金的风险往往由融资企业一方承担。

企业融资风险产生的原因主要有以下三个方面：一是由于经营产生的融资风险；二是由于企业资金调度不当产生的融资风险；三是由于汇率变动产生的融资风险。

（一）来源于经营的融资风险的预警

企业经营风险是指企业息税前净收益发生负数的可能性。企业经营风险依据企业是否使用债务可分为基本营业风险和负债经营风险。

1.基本营业风险

又称商业风险，指企业不使用债务时的经营风险，即企业在生产经营方面可能遇到的不确定情况造成企业经营亏损，从而导致股东收益成为负数。商业风险主要来源于以下几个方面：第一，销售方面。由于市场需求千变万化，产品的规格、品种以及花色经常翻新，因此企业难以使自己的产品在质量和数量两方面完全与市场需求相吻合，这就不可避免地产生销售风险。对于竞争性较强的企业，比如轻工业和商业企业，销售风险的威胁是很大的。由于这一风险的影响，使得企业无法按预定的计划销售自己的产品。第二，投资方面。投资方面所面临的风险是指选择投资项目和确定投资数量时所面临的风险。在一定时期内，同时存在多种投资机会，选择哪一个项目来投资，投资多少，所有这样的决定都会冒一定的风险。一般来说，项目的现代化程度越高，投入资金越多，周期越长，面临的投资风险越大。第三，生产方面。由于企业的技术条件、管理水平、人事关系以及社会环境条件经常处在不断变化中，因此，企业将各要素投入生产活动之后，仍然面临着不能保证产品的质量、是否能如期完成生产计划并按期交货等问题，这些都是生产过程中存在的不确定性。

2.负债经营风险

负债经营风险是指企业使用债务时所增加的风险。当企业资金有一部分是借入资金时，如果企业发生经营亏损（息税前净收益为负数），就要用自有资金支付借款利息，企业丧失偿债能力，股东收益变成泡影，企业陷入财务风险。企业负债经营的风险可分为短期负债风险和长期负债风险。

（1）短期负债风险

包括偿还一年以内的短期借款、预收货款以及短期应付票据等。这类融资要求支付一定的资金使用成本，如利息、贴现息以及按照低于销售价格收款或高于现价付款等，其资金使用成本较长期负债更低，也不需另付融资费用，且手续简单、方式灵活。但是，它又较长期负债具有许多不利因素，第一，数额少、期限短、不能充分发挥作用。第二，经常存在着到期付款的威胁。一旦到期不能支付时，会危及企业的商业信誉。第三，为了提高企业的偿债能力，客观上要求企业的流动资产多于流动负债几倍。这就限制了企业资金的长期投放，失去了更好的获利机会，还限制了企业增加流动负债的能力，易造成资金周转的困难。

（2）长期负债风险

主要是为了满足企业战略性发展的需要。长期负债一般要求金额较大，使用期间较长，企业可以用它来进行深层次的开发，增加企业的后劲。但企业在较长时期内的经济状况，存在着较大的不确定性，因而其风险较大。一般来说，主要包括以下内容。

①利率变动风险

长期负债一般都是在借款时确定利率在借款期内固定不变。如果因为国家的经济政策变化或资金市场的资金供过于求等因素，导致利率下降时，企业仍然按照原定利率支付利息，企业将因此而蒙受损失。

②无力偿还负债风险

企业举债不仅要还本付息，而且还有固定的偿还期限，如果企业负债经营得不到预期的收益，就会面临着无力偿还到期负债的风险。其危害是不仅导致企业资金紧张，还会影响企业的声誉，甚至威胁到企业的生存。

③再举债风险

一般债权人为了能如期收回贷款，对贷款要求的条件比较苛刻。例如，规定债务人在使用这笔贷款期间，限制其从其他渠道筹集资金，或须经债权人同意后才能借款，以限制债务人的债务增加，这样如再举债就会发生一定困难。此外，企业原借债务由于不能如期归还，或经营恶化也会增加企业融资的困难削弱举新债的能力。

④长期负债短期使用的风险

长期负债和短期负债是分别适应不同的需要的。长期贷款利率通常高于短期贷款利率，其资金融资费也比短期高。因此，如果将长期债务仅在短期内使用，是很不经济的。虽然企业可以将结余的资金暂时存入银行或购买有价证券，但存入银行所获利息，要远小于所付出的利息。

⑤信用紧缩的风险

紧缩银根是经济不景气情况下出现的，特别是通货膨胀带来金融萎缩、金融危机时，紧缩银根会使负债企业难以应付，陷入困境险地。负债比较多的企业在紧缩银根、资金匮乏时，更是险上加险。因为债权人对原有债务只收不贷或多收少贷，势必影响生产经营的正常进行，企业急需资金而求贷无门时会影响企业的发展。短期负债资金的短缺，影响企业的原材料储备，迫使企业减缩生产规模，减少产量，降低利润甚至出现亏损，对于利用长期负债的企业，随着信贷规模的减缩，影响投资规模，导致建设周期的延长和竣工期的拖后，投资不能及时收回，从而导致无力偿债，发生财务危机。

对上述短期和长期负债风险，企业可以通过建立一系列的分析考核指标，测控企业所承担的财务风险，从而进一步揭示企业长期负债风险和短期负债风险。

首先，建立用于判断企业偿付短期负债能力的比率，分析企业流动资产变现能力和可能受阻时是否仍然有偿债能力。这类指标有流动比率、速动比率。一般来说，企业的流动比率和速动比率越高，短期偿债能力越强，但并非越高越好，这要看企业资本的组成结构，速动比率在1时为最佳。否则，会削弱企业的偿债能力。用于判断企业偿付短期债务能力的指标还包括应付账款周转率、应收账款周转率、存货周转率及流动资金周转率等。

其次，建立用于判断长期偿债能力的指标，这类指标有长期负债比率、固定资产与长期负债比率。其中，长期负债比率＝长期负债总额÷资本总额，这个指标用于评价企业融资结构是否健全合理。而固定资产与长期负债比率指标主要用于评价企业潜在的借款能力。此外，用于判断企业长期偿债能力的指标还包括固定资产周转率及固定资产利润率等。

最后，建立用于判断综合性偿债能力的指标，这类指标有投资报酬和债务本息偿付比率。其公式为：

投资报酬率＝利润总额÷总资本

该指标用于分析企业的创利能力。

债务本息偿付比率＝（息税前利润＋折旧）［利息÷（1－所得税率）＋本金］

该指标越高，企业偿债能力越强，按期偿还债务越有保证。

用于判断综合性偿债能力的指标还包括净值报酬率、销售负债率、产值负债率等。通过计算和分析以上指标，并考虑替人担保或有负债等因素，企业可以全面地测控和揭示来源于经营方面的融资风险。此外，对于企业的负债经营风险，风险事件发生的概率及损失程度如何，也是企业决策者关心的一个问题，也是企业负债经营风险关系的一个重要方面。因此为了加强负债经营风险的预警，企业可用概率的方法对企业的负债经营风险加以测定。一般来说，衡量负债经营风险程度的指标有权益资金利润率期望值、期望权益资金利润率标准离差、期望权益资金利润标准离差率和坏账概率等。

（二）来源于资金调度的融资风险预警

根据经营收益能够帮助人们判断一段时期内的融资风险。但是，这段时间内能否避免风险还要看企业对资金的调度是否合理。资金调度，是指对企业资金的流入、流出和周转，在时间金额和形式上的规划和安排。由于企业的债务分散于各段时期内，在各段时期内企业要不断发生收付行为，合理的资金调度，可以相对节约资金占用，并使之既能满足生产经营的需要，又能在时间上相衔接、形式上相协调，充分地挖掘资金使用的潜力。资金调度不合理，则会出现相反的情况，如当企业购货付款与归还债务的时间集中，就可能发生临时融资风险，即企业在债务到期时不能及时归还债务或借款利息。临时财务风险虽然没有构成整体风险，但频繁出现也将影响企业形象、信誉，甚至影响企业今后的融资来源。

企业资金调度是否合理，除取决于财务人员的主观判断外，还与企业经营环境的变化和其他财务环节的工作效率有关。就财务环节的工作效率而言，企业的资金回收状况，利润分配的形式和额度的规划，都会影响融资风险。因此，企业资金调度是否合理，也取决于企业资金回收状况和利润分配的组织。也就是说，融资风险的大小，也与资金的回收和收益分配风险密切相关。

因此，为了控制来源于资金调度不合理而给企业带来的风险，企业应合理安排收支，避免资金组织失当带来的临时风险。企业借款往往不是同时到期，在1年内可能有多笔借款到期，且要定期支付借款利息。不管企业一年内的经营收益为多少，贷款者到期便要求企业还本付息。这就对融资企业提出要求：在借款到期日必须有足够的资金偿还，因此融资企业为了满足这种要求，在安排企业购销、付款和收款时，要考虑借款的到期日和利息的支付日。此外，融资企业还可以采取分散借款、分散归还的方法，使借款与还款对象和时间交叉进行，这样就可能用产生的利润逐期偿还债务，避免还债高峰，从而降低融资风险。

（三）来源于外汇汇率变动的融资风险的预警

来源于外汇汇率变动的融资风险，仅仅在有外汇融资业务的企业才存在。当企业借入外币扩大生产经营，如果归还该种外币汇率上升，就会使企业必须以更多的本位币来归还借款。这就是外汇汇率风险。如果归还时该外汇汇率下降，就会产生汇兑收益，即由于借入外币的贬值，到期仍按借入额归还本金，按原利率支付利息，从而使实际归还本息的价值减少。

以上就融资风险产生的原因等三个方面介绍了企业融资风险的预警措施和方法。此外，为了全面地对企业的融资风险进行预警和控制，企业在融资过程中尽量使企业的资产结构和融资结构相匹配。企业的资产结构是指企业固定资产和流动资产之间的比例。融资结构是不同来源的资金的比例以及负债期限长短的构成。企业若采用负债融资，在负债结构的技术安排上可采用"套头融资法"来规避融资风险即对每项资产的购置都用偿付期与该资产变现期相近的负债抵补。也就是用短期负债筹集的资金购置短期流动资产，用长期负债或发行债券筹集的资金投资于长期固定资产。这就使得负债结构与资产结构相互匹配，负债的还本付息才有技术保证。但是在零售企业中，由于它的资产主要由流动资产构成，应该提高短期债券的比例。此外，如果当前的利率相当高，但未来的利率会下降，则可以增加短期债务的比例。反之，如果当期的利率比较低，但未来的利率会上升，则可以增加长期债务的比例。

二、融资风险的预控

企业融资风险产生的原因主要有经营产生的融资风险、资金调度产生的融资风险以及汇率变动产生的财务风险等。在这部分中我们主要介绍如何对经营方面产生的融资风险进行预控。为了控制来源于经营方面的融资风险，企业应从以下两方面进行控制。

（一）正确选择融资方式

为了控制融资风险，对于某个融资项目应该找出尽可能多的融资方案，然后对各个方案进行分析、比较、评价，确定优劣。比较的准则是方案的可行性、经济性和安全性。方案的可行性研究指的是融资方案所选择的资金渠道有无问题，特别是国家严格控制的涉外融资和证券融资。方案的经济性研究指的是综合资金成本率越低越好。方案的安全性研究是指按融资方案进行资金筹集时，融资风险对融资目标和项目建设影响的程度。重点是分析风险潜在的危险，确定其可能带来的经济损失和导致项目延期、停建或者完全失败的可能性。

方案的可行性、经济性和安全性可以分为A、B、C、D四个级别。（1）可行性方面。A级是指资金落实，全面融资渠道都得到资方的承诺，甚至得到有关部门的担保。B级是指资金基本落实，融资方已承诺的金额占总融资额的90%以上。C级是指资金不太落实，出资方已经承诺的金额占到总融资额的80% ~ 90%，这时方案的可行性较差。D级是指资金不落实，出资方已经承诺的金额不到总融资额的80%，这样的融资方案不可行。

（2）经济性方面。A级是指融资成本很低，综合融资成本率低于同期限银行贷款利率的30%以上，这说明该融资方案的融资成本大大低于资金的市场费用。B级是指融资成本较低，而综合融资成本率低于同期限银行贷款的利率但降低的幅度小于30%，融资方案的融资成本较市场费用低。C级是指融资成本较高综合融资成本费用率接近或者略高于同期限银行贷款的市场利率，但超出幅度不高于30%。D级是指融资成本很高，综合融资成本费用率高于同期限银行贷款利率的30%以上，融资方案的融资成本大大高于资金的市场费用。

（3）安全性方面。A级是指方案的风险很小。融资的主要风险如利率风险和汇率风险都已经调整过并且基本消除，出资方（有关银行和其他金融机构）具有很高的资信等级；承担融资代理的金融机构也具有很高的资信等级，并且承担了部分的风险，整个融资过程因为意外事件的发生而导致延期、经济损失或者彻底失败的可能性很小。B级是指融资方案的风险较小。融资风险经调整过有所减小，但不曾完全消除，出资方资信程度较高，但没有委托有信誉的金融机构代理资金筹集，或者委托代理的机构信用较低、整个融资过程因为意外事件的发生而导致失败的可能性较小。C级是指融资方案的风险较大。融资风险经过调整未消除，出资者的信用等级较低，委托的金融代理机构实力较弱，信用较差，整个融资过程遭遇失败的可能性较大。D级是指融资方案风险极大。融资风险没有经过调整，出资者信用较低，或者根本就没有确定的融资者，没有金融机构承担委托代理融资业务，方案准备不完善，整个融资过程因为意外事件发生而导致损失的可能性很大。

融资方案评价的三条准则按照安全性、可行性、经济性的顺序排列，即第一条表示安全性的评价代号，第二条表示可行性的评价代号，第三条表示经济性的评价指标代号。例如AAA级融资方案表示：融资方案风险很小，资金得到落实并且融资成本很低。C、B、D级融资方案表示：融资方案风险很大，资金基本落实，融资成本很高。在评价过程中，要注意的一点是融资方案的安全性是最重要的，可行性次之，而经济性则是参考性的。如果某个融资方案的安全性与可行性较高，经济性低一点，即融资成本高一点，往往是可以接受的。反之，如果一个融资方案的安全性差，经济性好，融资成本低，此方案却往往不被采用，这是因为安全性差的方案在融资过程中不可控制因素太多，一些意外事件的发生，往往导致融资成本大幅提高，甚至导致全盘失败。所以，在决定融资方式时，要慎重考虑这三方面指标的合理搭配，确定企业可以承担的风险级别，并在此基础上寻找成本最低的融资方式。

（二）合理安排借入资金的比例，控制负债经营风险

负债经营风险是企业融资风险的一种主要风险，合理把握借入资金比例，是控制负债经营风险的一项重要措施。

一般来说企业经营的目的是盈利、股东财富的最大化，但盈利性往往与安全性相矛盾，正如风险收益模型所描述的那样。如果企业为了盈利而过度负债，那么当宏观经济不利于企业发展时（政府施行紧缩银根的财政政策），会导致产品积压、资金周转不灵、还贷困难，甚至面临破产境地，企业经营的安全性受到挑战。因此企业现实而正确的选择是兼顾盈利性和安全性，使负债率趋于适度。

众所周知，如果负债成本低于企业的收益率，则负债与总资本的比例越高，企业盈利越多，但这并不意味着企业应该尽可能地从外借债，因为资产负债率越高，导致企业的安全性越低。一般来说随着企业负债的增加，企业的总资产也相应增加，在多变的市场环境下，企业的困难也就比不负债时多。极端来说，若企业破产，在无负债的情况下企业只需清偿股东，而在有负债的情况下，还有首先清偿债权人的债务，然后才能考虑股东的权益，而这种增加的风险直接来源于负债。因此，从理论上讲，负债与总资本有个最优结构。这个结构可根据负债与资本的加权综合成本费用来确定。

上述最优资本结构理论只是从理论上对资本结构的合理性进行了探讨，不能计算出

企业最优的资本结构。在实际中可根据企业的经营特点及所处经营环境选择企业的资本结构、确定企业的负债比例。在实际中需要考虑的主要因素包括如下方面。

（1）税收。一般来说，所得税率越高，利息抵税的效果就越强，因而企业举债的欲望也就越强。另，还要考虑企业折旧抵税效果的好坏，如果折旧抵税效果较强，企业就没有必要过多负债，承受较大的财务风险。

（2）财务危机程度。财务危机风险较高的企业举债数量应少于财务危机风险较低的企业。在其他情况相同时，可用息税前收益（EBIT）变化程度来衡量企业财务危机程度。税前收益的变化程度越大，企业举债应越少。

（3）有形资产与无形资产的比例。由于在企业破产时所进行的资产处理中有形资产损失较少，因此，有形资产比例较高的企业举债数量可多于有形资产比例低的企业。而无形资产比例较高的企业则应尽量减少负债数量。

（4）企业销售的稳定性。企业销售是否稳定对财务结构也有重要影响。如果企业销售和利润较为稳定，则可以较多地负担固定的债务费用；如果企业的销售利润具有周期性，则承担固定的债务费用将冒很大风险。

（5）企业的财务状况和经营情况。企业获利能力越强，财务状况越好，变现能力越强，就越有能力负担财务上的风险。因而，随着企业变现能力、财务状况和获利能力的增加，企业举债融资数量可适当增加。

此外要指出的是各个行业、各个市场经济发展水平不同的国家，其最佳负债比率不尽相同。企业为保持同行业的竞争能力，减少风险，负债经营企业的负债比率应保持同行业的负债水平。

第四节 投资风险的预警和预控

投资是指以资金增值为目的而发生的资金支出。投资可以分为实业性投资和证券性投资两大类。实业性投资可以是物质形式的投资，如开发房地产项目购买机器设备购买原材料，也可以是无形资产投资。证券投资主要指企业购买股票、债券等，主要投资对象是上市公司。

投资风险是指投资过程中或投资完成后投资者经济损失和不能收回投资，不能带来预期收益的可能性。它由两部分组成：一方面，在长期投资中，由于投资额投资回收期投资项目的使用期限的大幅变动，使投资报酬率达不到预期的财务目标而发生的风险，这主要是受市场供求情况、价格变化等不确定因素影响的结果；另一方面，在短期投资中，由于各项流动资产的结构不合理、信用政策制定得不恰当、受市场供求情况及资金时间价值等影响而产生的风险。

一、投资风险的分类

投资风险按其产生的原因可以分为以下几种。

（一）心理方面的风险

这种风险是指盲目冲动地跟风带来的风险，容易出现在投资决策依据不充分、决策者水平有限的情况下，往往使投资结果带有很大的主观冲动性，以至于大量资金投入后，才发现项目具有不可操作性，然而为时已晚。这种风险主要与决策者能力有关。

（二）经营风险

企业在进行投资分析和投资决策时，都会遇到一些不确定的因素。如由于企业内、外部条件的变动，导致投资额或者投资报酬率的不确定性，从而形成经营风险。这里外部条件的变化指的是经济形势的变化、市场供求关系的变化、税收的调整等；内部条件的变化指的是劳动生产率的变化、原材料使用情况的变化、设备状况的变化等。在其他方面，如是否会发生地震等自然灾害，以致影响企业的正常经济活动。以上种种情况为经营带来的风险称为经营风险。

（三）财务风险

这种风险是指由于企业的资金利润率和借入资金的利息率的差额存在不确定因素，这种不确定因素通过借入资金对于自有资金的不同产生不同作用，比例越高，风险越大，这样形成的财务风险也越大。

（四）社会风险

这种风险是由国际和国内政治、经济以及社会风尚发生变化带来的风险。

二、投资风险的测定

企业的投资活动可分为三种类型。一是投资生产某种产品，加工业、工业企业的投资以此为主；二是投资于商贸活动而不是加工生产某种产品，只进行商品的购进和销售，赚取中间差价，商业企业的投资就是此种类型；三是对外投资，如购买另一单位的股票和债券，以固定资产、无形资产参股控股等。由于商业企业的投资风险实际上相当于工业企业的资金回收风险，并且对外投资的风险，实际上与第一种类型相似，所以这里在分析投资风险时，主要以工业企业为例。

工业企业的投资风险，是指投资项目不能产生预期收益，从而可能引起企业盈利能力，偿债能力降低的风险。

投资项目是否存在风险的衡量标准有以下三种：一是投资项目不能如期生产、不能取得收益，或虽然投产，但不能盈利，反而出现了亏损，导致企业整体盈利能力和偿债能力的降低，这是投资风险的最强形式。二是投资项目并没有出现亏损，但盈利能力很低，利润率低于银行同期存款利率。对于投资风险的大小，企业可依靠对投资的可能后果及其出现的可能程度结合概率论予以估算。

三、投资风险预控

（一）分散投资风险

分散投资风险是控制投资风险损失的有效方法。

1.实业性投资风险的控制

采用分散投资风险策略控制实业性投资风险的具体方式是尽可能地实行投资多元化。由于财务风险产生的客观原因是未来经营活动中存在的不确定性，所以在一种经济状态下的不同投资项目的财务收益可能不同，财务风险的发生程度也会不同。当一个项目的财务收益下降，另一个项目的财务收益可能上升。一般来说，一项投资若构成组合投资的一部分，其风险通常要小于作为单独投资的风险；一项单独投资风险较大的项目，若能配入适当的投资组合中，还有可能完全消除风险。因此，实行投资多元化，可以避免单项投资的风险。在多元化组合投资中，应注意投资项目相关性。

在实际操作中，企业实业性投资的多样化表现在以下几方面。

（1）开发产品的多样化。所谓产品多样化是指一个企业生产的产品品种多，而且随着新技术不断地被利用，不断地开发出新产品，从而分散投资风险。

（2）生产地区多样化。生产地区多样化是指一个企业通过联合、兼并、承包、租赁投资等各种办法，在国内外建立许许多多生产或者服务基地，把本企业的产品分布在各地进行生产并提供相应的服务。

（3）销售方式多样化。销售方式多样化是指一个企业通过各种销售办法提高市场占有率。销售方式的多样化，可以加速流动资金周转，规避财务风险。

（4）服务项目的多样化。服务项目的多样化是指一个企业为了最大限度地满足用户的需求，开展售前服务、售中服务、售后服务等各种各样的服务活动。

此外，企业在实业投资多样化的过程中，可采取以下两种做法。

①一业为主兼营他业。即以一个产品为主导产品的同时兼营其他产品，如一个企业或以生产为主、或以销售为主、或以服务为主、或以服务为主兼营其他产业。

②多头经营齐头并进。具体有两种情况，一是相关多种经营，即投资开发与本企业原有主导产品或经营项目密切相关的产业。二是非相关的多种经营，即投资与本企业原有产品或服务项目关系不大的产业。

在市场经济条件下，企业之间的竞争日趋激烈，企业通过投资多元化，可以使各个部门在经济效益上得到互补，增强企业抵抗风险的能力。

2.证券投资风险的控制

企业除了实业性投资外还可以进行证券投资，即进行股票或者债券投资，对证券投资的风险控制，同样也可采用分散投资的策略进行控制。首先是证券种类的分散，一部分作安全性较高的债券投资；一部分作为股票投资；一部分作为预备金。其次是选择多个上市公司的股票，注意行业的分散或者选择多种债券（国库券、金融债券、企业债券），同时注意时间的分散。此外，企业进行证券投资时不宜直接选择某一具体的证券组合，而是投资于一些专业投资公司的证券组合，往往也能降低企业证券投资的风险。

由于股票投资和债券投资各有不同的特点，因此，下面分别介绍债券投资风险的控制和股票投资风险的控制。

（1）债券投资风险的控制

债券投资的风险较小，因为债券的利率固定，债券的发行及还本付息有法律保障。但企业进行债券投资时还要考虑其风险性。债券中国库券的信誉最高，其次是金融债券，信誉也比较高。企业债券由企业发行，相对来说，风险性较大。

（2）股票投资风险的控制

股票投资的风险大于债券投资，对其风险的控制也可采用风险分散的方法加以控制。股票投资风险分散就是指投资者把所有资金按一定"配比"，有选择地投资于股票市场上挂牌上市的不同行业、不同公司、不同种类、不同期限、不同股情的股票上。也就是在具有不同利润水平和风险程度的股票之间进行巧妙的搭配，从而求得一种满意的均衡。股票的这种投资方式，又称为股票投资组合。由于股票投资风险可以分为系统性风险和非系统性风险。股票投资组合可以削减股票投资中的非系统性风险，因此，股票投资组合中的任何一种股票所产生的风险都小于单独投资于这种股票所固有的风险，整个股票组合产生的风险不会超过股票组合中各种股票固有风险的平均值。

（二）转移投资风险

转移投资风险是指企业通过某种手段将风险转嫁给其他单位承担，这也是控制投资风险的一种策略。这种转移是在法律允许的范围内，按照相互自愿、平等互利的原则进行转移。转移投资风险的方法很多，主要有以下几种。

1.套头交易

指通过期货交易，把将来因原材料价格的波动可能引起的损失降低到最低限度。

2.转包工程

这是转移风险的一种常见的办法，目的是使风险效益变成旱涝保收的稳定收益。例如，一项大型建筑工程，接包企业由于设备不齐全，技术力量不过硬，没有能力独立完成这项工程，可把它全部或部分转包给有此能力的企业完成，同时也把风险全部或部分转移出去了。

3.利用投保的办法来转移风险

保险作为一种分散风险、补偿损失的手段，在风险管理中具有十分重要的地位，也是投资企业转移风险的最保险的处理风险的办法。企业购买保险虽然可转移风险但企业也为此支付了费用。因此，风险管理人员要考虑成本效益因素，慎重选择购买保险项目。

4.委托专门机构完成

将风险较大的经济活动委托专门机构完成，如专业投资公司或信托公司。

5.其他途径

对固定资产采取加速折旧，或改购买固定资产为融资租赁等。

（三）承担投资风险

由企业自己承担风险事故所致的损失，即当风险发生给企业造成一定的损失后，企业通过内部的资金融通，以弥补所遭受的损失。具体的处理方式如下。

1.将损失打入营业成本。即将可能发生的一定数量的损失额通过一定途径记入成本，以便在风险出现后可以用这笔费用支付损失。

2.建立意外损失专项基金。建立一笔意外损失专项基金，专门用于有关承担风险的损失补偿。专项基金可通过企业逐年计提。当发生损失时，可通过基金进行补偿。这种意外损失的专项基金从长时期考虑，可视为企业自保基金。建立自保基金，对于应付损失出现不寻常波动是非常必要的。

3.安排应急贷款（或借款）。当损失发生后，企业通过内部财力所筹集的风险补偿基金不足以弥补损失时，企业可临时向外借款以弥补损失。

第五节　流动资金运作中的风险预警和预控

一、流动资金运作中的风险

（一）现金使用中的风险预警

现金运作中的风险主要表现为：企业日库存现金量不能满足企业每日正常生产开支、

每月的现金流量不能满足支付销售与管理费用的正常开支，以至于影响企业的正常生产；企业的现金流量难以支付贷款利息，从而影响企业的声誉。对以上情况可编制现金收入支出预算表，在预算表中，企业的现金流量会产生缺口。同时在计算速动资产等财务指标时，其指标也不能达到正常标准，这就初步说明了企业现金运作中已经存在风险。

（二）应收账款的风险预警

企业向客户提供商品或劳务，而客户承诺若干天后会付款，这就形成企业的应收账款。客户到期时可能会付款，也可能不付款形成坏账。坏账过多会使企业没有现款来支付工资等费用和到期债务，形成直接的财务风险。在市场经济条件下，企业之间的竞争日益激烈，厂家为了吸引客户，往往允许客户进行赊销，从而导致大批的债务无法收回。改革开放初期，著名的三角债问题至今仍然影响着许多企业的正常运营。

应收账款产生的风险大小，与国家宏观经济政策尤其是财政金融政策是紧密相关的。膨胀型和紧缩型的财政金融时期，企业应收账款产生的风险是有明显差异的。在财政金融双收缩时期，整个市场疲软，企业产品销售困难，债务压力很大，销售资金回收困难。而在相反的情况下，资金回收也容易了许多，企业可以及时偿还债务，财务风险较小。另外，一个企业由于应收账款引起的财务风险的大小也取决于决策和企业管理水平的高低，即使在财政金融紧缩，整个经济不景气的时期，仍然有些企业可以保持充足的现金流量。

（三）存货产生的风险预警

由存货产生的财务风险主要表现在以下几个方面。

1.存货不足，造成企业供、产、销的失调，出现停工待料，或者原材料价格的上升，导致成本的增加。另外，生产设备不能得到及时修复，引起生产和销售脱节，影响客户及时进货，其结果会导致市场占有率的减少，降低企业的经济效益，给企业带来财务风险。

2.存货过多，其危害性也是很大的。①存货过多，势必占用很多的流动资金，影响企业资金收益率，同时，不能及时销售的话，导致企业不能及时补充流动资金，影响企业的正常运营；②存货过多，必定要增加仓库设备，扩大仓库容量，增加管理人员和管理费用，从而提高产品成本；③任何存货都存在自然损耗，而且不少原材料有一定的保质、保管期，超过了保质、保管期继续使用必定影响产成品的质量，严重的还会给国家和人民的财产以及生命安全造成危害。

对以上两种情况，企业可以通过计算最佳订货次数和最佳订货周期以及存货周期率和存货周转天数等对存货产生的风险加以预警。

二、现金使用风险的控制

众所周知，由于权责发生制的施行，企业利润和现金流入量之间总会存在或多或少的差异，所以，在很多情况下，利润并不能代表一个企业的真正生命力情况。尤其在上市公司"造假利润"风气很旺时，人们慢慢把关注的目光从企业的年度利润转移到企业的现金流量。对于内部管理者来说，企业的现金存量和流量是决定企业"健康状况"的决定因素，所以加强对现金的控制已经成为管理界公认的原则。这里的财务风险预警主要是从现金流量这个角度进行阐述的。对各个企业来说，现金的管理方式各不相同，但是仍然有一些系统的、共性的经验和技术对现金管理进行表述。这一部分探讨如何利用现金分析的一些工具，来确认企业的现金"健康"情况，为减少现金流入与利润差异，控制现金使用不当造成的财务风险打下基础。

"工欲善其事，必先利其器"，工具的发展程度是决定事物发展程度的一个主要因素。在现金管理中，也有许多的工具要利用，包括财务计划、现金预算、现金流量表、预计财务报表、资本预算、现金流量分析等。这些工具的充分应用，可以有效提高企业对自身现金管理状况的认识水平和管理水平。下面详细介绍其中常用的几项工具。

（一）财务计划

企业是一个有机的系统，是一个关于现金周转、资本投放、融资运作和利润分配的一系列相互作用的决策与政策所构成的系统。在任何有限的计划期内，企业现金的来源总额总应等于现金的运用总额。在某一短期内，这种相等可能因为利润与现金的差异和无计划的短期借款而遭到破坏，但是企业应通过良好的财务计划努力避免。循环中所有六项计划需要同时被决定，这就需要一定的权衡，通过财务计划模型可以完成这些决策。

制订财务计划是评估各项投资和融资决策影响的过程。财务计划包括输入、模型和输出。输入的数据包括销售额、回收款、成本、利率和汇率的预计数。企业当前的状况（现金余额、债务等）和可供选择的决策也属于输入的内容。模型是输入、输出之间的一系列的数量关系。财务计划的输出是预计财务报表和一系列的预算。预计财务报表就是预期的财务报表。预算是财务活动的详细计划，如现金预算、销售预算和资本预算等。

企业的财务计划通常分为长期、短期两种。短期计划通常是指1年或这1年以内的计划；长期计划是指长于1年，一般是5年的计划。短期计划详细而具体，长期计划的内容则要粗略的多。一个完整的财务计划至少包括：第一，明确的战略、经营和财务目标；第二，基本环境描述；第三，战略描述；第四，应付偶然情况的应变计划；第五，按照时间、部门和类型编制的各种预算（现金、管理和销售预算）；第六，按现金的来源划分的财务计划；第七，逐期的预计财务报表。

（二）现金预算

现金预算是对预算期内预计的现金收入和现金支出的列举，也是关于短期现金流量的财务计划。编制现金预算是加强企业现金管理、实现最大化现金收益、保证企业安全发展的重要工具。

1.企业现金管理的基本策略

企业在生产经营过程中，要经常处理现金收付业务。如果现金的流入量与流出量之间同时发生并且能够准确地予以预计，那么企业就不需要持有现金余额，但由于企业经营环境的不断变化和人的预测能力的有限性，人们不可能做到上述要求。因此，企业有必要研究如何进行现金管理方能最大限度地促使利润向现金转化，并通过财务手段尽量减少现金额，以维持企业的获利能力和持续经营。

2.编制现金预算

预测每一期现金剩余与不足的情况、编制现金预算、规划未来现金的流入量与流出量，企业必须持有多少现金，这取决于以下因素：现金流入、流出发生的数量及其概率；持有过多现金的机会成本；现金不足的代价。企业应探讨加速现金流入与减缓现金流出的方法，控制利润与现金的差异，促使利润向现金的最大可能的转化，并进行将部分现金存放于银行与部分现金购买有价证券的策略。

3.现金预算的编制方法

常用的现金预算编制方法有两种：现金收支法和调整净收益法。

（1）现金收支法

这是最为常用的现金预算编制方法，其主要步骤如下。

①预测企业的现金流入量。为此，首先需要做好销售方面的预测工作，另外还要对其他可能发生的现金流入作适当的估计。

②预测现金的流出量。此时，企业一方面要估计为了实现预期的销售而需购入固定资产与存货购买时间与实际支付货款时间，另一方面还要对其他可能发生的现金流入如工资、税金予以预算。

（2）调整净收益法

这种现金预算的编制方法主要由以下四步完成。

第一步，先将在权责发生制基础上计算出的税前净收益调整为现金收付基础上的税前净收益，再调整为税后净收益。

第二步，现金收付基础的税后净收益加减与预算期收益无关的现金收付金额，调整成为预算期内现金余额的增加。

第三步，预算期内现金余额增加额加减期初、期末现金余额，再扣除发放现金股利额之后所剩余金额，即为可供用来扩大投资的现金余额。

第四步，对现金剩余的财务安排。

这种现金预算编制方法的主要特点是：①将权责发生制基础计算的净收益与现金收付基础计算的净收益统一起来；②现金收付基础计算出的净收益就是生产经营获利使现金余额增加的数额，克服了收益额与现金流量不相平衡的缺点；③表中现金余额增加额不能直观地、明晰地反映出生产过程中营业现金收支情况，如销售收入额、直接材料和人工费用支出额等。

总之，这种方法恰好把净收益与现金流量表间的关系展示出来，从而弥补了现金收支法的不足。

三、应收账款的风险预控

在市场经济条件下，激烈的商业竞争迫使企业以赊销的办法扩大销售。因此企业不可能完全消除应收账款造成的财务风险，但完全可能降低应收账款造成的财务风险，主要策略如下。

（一）确保产品能顺利销售

企业的产品能否顺利销售出去，起决定作用的内在因素分别是：①产品质量。在其他条件相同的情况下，产品质量的高低是其销售量变动的重要决定因素。②产品价格。消费者不仅要求物美，还希望价廉。价廉物美的产品，在竞争中就会处于有利的地位，而企业产品价格最低承受力，主要是由其成本决定的，因而企业必须努力降低成本。③品种花色齐全和适销对路。这要求企业能准确地把握市场行情和走势。④广告宣传的配合。在市场竞争中，企业的产品离开了一定的广告宣传，再好的产品也难以占领市场。企业只有同时抓好上述几个方面，才能使产品销售顺利地实现，避免出现积压的局面。

（二）加强信用管理

造成企业财务风险的一个重要原因是企业的信用销售，同时也是造成利润与现金差异的主要原因之一。如果能够有效控制信用销售减少坏账损失，及时收回货款，则可大大减少财务风险出现的机会。因此，研究如何降低现金流入同利润之间的差异有着重要的意义。众所周知，在其他条件不变的情况下，应收账款越少，两者之间的差额越小。但是应收账款越少，往往意味着销售收入和利润额越少。这当然不是经营者所期望的。经营者期望销售收入最多的同时应收账款最少，但是在一个竞争的市场条件下，要实现这样的期望是不可能的。可能的只是使应收账款保持在一定的适度的水平上，公司竞争力增强，销售扩大，应收账款的直接和间接成本最小，并实现利润的最大化。应收账款存在的主要原因是现代商业信用即赊销的发展。这就涉及一个重要的问题：信用及信用控制。

（三）信用风险

信用风险是指在以信用关系规定的交易过程中，因交易的一方不能履行承诺而给另一方造成损失的可能性。信用风险产生的原因可分为内部原因和外部原因。内部原因是指企业在从事赊销业务时信用政策使用不当、对客户信用调查不足、收款不力等企业自身的原因。外部原因是指客户拖欠账款。

内部原因主要表现如下：

（1）没有进行客户调查，掌握客户信息不全、不真实。

（2）没有明确判断客户的信用状况以及信用变化情况。

（3）信用政策过于宽松，或赊销审批不严，以致赊销给信用较差的客户。

（4）没有正确地选择结算方式和结算条件。

（5）应收账款管理不善、收账政策不当或者执行不力。

（6）企业缺少科学的信用管理政策。

（7）财务部门与销售部门缺少有效的沟通。

（8）企业内部业务人员的客户勾结。

外部原因的客户拖欠账款的风险主要来源于如下几个方面。

①贸易纠纷。由于对合同中某些条款，如货物质量、数量等方面产生纠纷，导致货款退付或者拒付。

②客户经营不善，无力偿还。这是目前中国企业间相互拖欠账款的最主要原因。

③有意占用对方资金。企业之间的"三角债"的问题是困扰中国企业的一个老大难问题。当然这里有许多历史的因素。其中在采用托收承付方面，由于银行监督不力，给许多企业造成了可乘之机，卖方强制买方接受不符合合同约定的商品，卖方也可以不讲信用，任意拖欠账款。

④蓄意欺诈。一些信用恶劣的企业利用合同票据以及预付定金分期付款等方式进行长期拖欠最后达到部分或者全部占有对方货物货款的目的。

从上面的分析我们可以看出，尽管信用风险是客户不能偿还欠款而给企业带来损失的可能性，但造成这种可能性的原因大部分都是内部的，或者尽管是外部原因，也可以通过对客户的跟踪调查等方式及时发现并解决。如果其经营不善的信息可以通过与其经营接触的客户并被发现，从而及时结束向其提供信用。所以，找到产生信用风险的原因，找到企业实际经营管理和交易过程中容易造成信用风险的业务环节，对有效实施信用控制，减少坏账，是十分关键的。

（四）信用管理

信用管理是指企业为控制交易过程中的信用风险而实施的一套业务方案、政策以及为此建立的一系列组织制度。可以从赊销业务流程中的关键环节入手，把信用管理的内容分为事前控制、事中控制和事后控制三个方面。

1.事前控制

信用管理的事前控制包括客户信用调查（选择客户），确定给予客户的信用条件、信用额度，为促进客户及时付款和保证账款及时回收进行签约和担保等。在这一阶段，管理的关键环节是：第一，选择客户。客户的资信高低有较大差异，履约意愿也各不相同，我们需要在众多的客户中找出哪些可以赊销，哪些只能采用现金交易。这是信用风险控制的最关键环节。把钱借给十分守信用的人，你几乎可以坐等收钱；相反，如果把钱借给不守信用的人，有可能就会石沉大海。因此，收集客户信息，并对客户信用进行分析评价是十分重要的。第二，确定信用条件和信用额度。对于资信不同的客户，我们要给他不同的信用条件，包括信用期、现金折扣以及信用额度。一般来说，企业要根据自身承担风险的能力和竞争需要，确定一个总体的信用条件和应收账款的适度水平。但具体到每一笔业务时，还需要根据具体客户的不同资信等级具体确定相应的信用条件和信用额度。第三，签约——寻求债权保障。交易双方的合同是信用的根据和基础，合同中的每一项内容，都有可能成为日后产生信用问题的原因，合同也是解决欠款追收的最主要文件，因此应给予格外注意。此外，从信用管理的角度来讲，为了确保收回货款，往往要使用一定的债权保障手段，如担保、保险、保理等。

2.事中控制

信用管理的事中控制是指在赊销以后及时记录应收账款，定期对账，并对应收账款的质量进行监控，对到期和过期的应收账款及时报告。这也是提高应收账款回收率的重要一环。在这一环节上，很多企业的重视程度还不够。

3.事后控制

信用管理的事后控制是指账款到期后的相关措施，包括早期催收、拖欠货款的处理以及相关信息的反馈。

（五）信用评价

在信用管理的过程中，最关键的一个前提条件是对客户的信用评价，这也是当前国内比较缺乏的部分内容。由于缺少对客户信用评价的资料，许多企业会因盲目地提供信用而遭受重大损失，而在许多情况下，企业没有任何可以利用的公共资料去了解交易对象的信息。为了避免企业的重大损失，企业应该自己建立对重要客户的信用评价制度。下面探讨一下建立客户资信评价制度的一些方法。

真实、完整、及时的客户信息是资信评价的基础，但还需要将这些分散的、各种各样的信息利用一定的方法进行进一步的分析，才能变成有用的参考资料。客户资信评价方法可以分析定性分析法和定量分析法。

1.定性分析法

定性分析法是根据客户的非财务数据进行分析，信用品质判断的"6C"系统就是典型的定性分析法。"6C"系统是评价信贷风险、考虑是否提供信用的六个基本条件，包括品质（Character）、能力（Capacity）、资本（Capital）、抵押品（Collateral）、条件（Condition）和连续性（Continuity）。品质是指客户试图履行其偿债义务的可能性。因为每一笔信用交易都隐含着客户对企业的付款承诺，债务人是努力来还债还是尽可能地逃避债务，对账款的回收至关重要。因此，经验丰富的信贷管理者经常认为品质是评估中最重要的因素。能力是企业信用部门对客户偿债能力的一种主观判断，其依据通常是客户的偿债记录、经营手段以及对客户的工厂与公司所作的实地考察。资本是指企业的一般财务状况，如客户的负债比率、流动比率、速动比率以及利息保障倍数等，重点应放在对企业的有形净资产的评价上。抵押品是指客户为了获得交易信用提供给企业作为担保用的资产。条件是指可以影响客户偿债能力的一般经济趋势及某些地区或经济的特殊发展的影响。连续性是指公司的经营政策使财务政策保持连续。

2.定量分析法

客户资信评价的定量分析法主要有以下几种：主要指标法、特征分析法、风险指标法和营运资产分析法。

（1）主要指标法

对信用信息的分析应从反映客户偿债能力的有代表性的财务指标分析入手，根据经验设定各种不同的信用质量的评价标准，特别是流动性、杠杆比率和盈利能力比率，并将专项比率同企业所在行业平均水平进行比较。

（2）特征分析法

特征分析法是将影响客户的各种因素（特征）进行考察研究，通过给各特征评分，从而判断客户资信状况的一种方法。它是从企业多年的信用分析经验中发展起来的一种技术。主要步骤如下：

首先，客户特征的选择。

可能导致客户信用风险的因素很多，如客户的财务状况、经营状况、市场前景、信誉等。在考虑这些因素时，企业各个部门的理解和重点不同。例如，销售部门往往偏重与客户直接交往时获得的直觉和经验，而财务人员则更侧重于对客户财务状况的分析。因此，需要确定一套统一的、规划的客户特征描述和表达方法，从而易于为企业各类人员所理解和掌握，并在此基础上，对客户进行全面的信用分析。

按照这种思路，可以将客户特征划分为如下三类。

第一类：客户自身的特征。这一类因素主要是指那些有关客户表面的、外在的、客观的特点，如客户的表面特征、产品与市场状况、经营管理状况以及最终用户情况。一般来说，有关这一类特征的信息来自企业与客户的一般接触和公共资料，比较容易获得。内容主要包括表面印象、组织管理产品与市场竞争性经营状况以及发展前景等。

第二类：客户优先性特征。这一类因素主要是指企业在挑选客户时优先考虑的因素，如企业与该客户交易时可获得的利润率、该客户对企业（评估者）市场竞争和市场吸引力的作用以及该客户的可替代性等。一般来说，这一类特征反映在企业的业务部门所掌握的资料中，而且带有相当大的主观性（评估者的偏好）。然而对这一类因素也必须给予足够的重视，因为它直接反映出评估者的目的性。这类因素主要包括客户的交易利润率、对产品的要求、对市场吸引力的影响、对市场竞争力的影响担保条件、可替代性等。

第三类：客户的信用及财务特征。这一类因素主要是指能够直接反映客户信用状况和财务状况的因素，如付款记录、诉讼记录、资本及利润增长情况、偿债能力及其债务状况等。这类信息往往是企业信用部门或财务部门较为关注的。企业的财务报表资料的真实性是需要重点关注的问题。另外，企业应该对客户的付款记录进行严格的监督，作为信用分析的重要依据。

其次，给客户特征的评分。

特征分析法的第二步就是对上述各个选定的客户特征进行定量化的评定。除了财务特征之外，上述各个特征大都是定性的。定性指标在评价中是十分有用的，但无法进行综合。因此，将这些财务的、非财务的以及定性的、或定量的特征按照统一标准进行评分，便成为特征分析的关键技术环节。在给各特征评分时，可采用10分制。每个特征评分的高低，表示该客户在该项特征方面的好坏程度，最高分代表最好，最低分代表最差。评分标准是：高分'8~10分'；中分'4~7分'；低分'1~3分'，若某项特征没有信息，评分为0。对客户各项特征评分时，应十分谨慎，因为评分的准确性将直接影响到对客户信用分析的结果。评分人员应具备较为全面的企业经营管理知识和经验，并且了解每一个特征的评分标准。企业可以指派专人负责客户的特征评分工作，也可以由各个业务部门（销售部门和财务部门）的业务人员共同完成。问题的关键在于，参与评定的人员必须相对稳定，并且严格执行共同的标准，以保证评分的严肃性和准确性。

最后，对客户特征的综合分析。

对各特征进行评分以后，不能将这些分数直接相加，因为在三类特征因素中，每个特征因素对客户资信状况的影响或贡献是不同的，因此，不能同等地对待，必须为每个特征选择一个权数。权数的数值范围是0~10，表示该特征在评估中的重要程度由小到大。权数的选择主要依赖于评估者的经验和公司政策偏好。首先，评估者或专门的评估结构根据大量积累的经验，可以确定每个特征的权数。其次，权数也反映一个企业的政策导向，比如公司的销售部门、财务部门或者信用部门对各个特征的权数选择会有不同的意见，因此，为了较为全面地反映公司的政策，权数的选择最好由公司较高领导层面完成。由于侧重点不同，权数设置有四种基本类型，即财务型权数、销售型权数、均衡型权数及新客户权数。

（六）合理地利用折扣手段，促进货款的及时回收

折扣有两种，一种是商业折扣，另一种是现金折扣。商业折扣是对大宗购买的客户在价格上的优惠，现金折扣是为了吸引客户为享受优惠价格而提前付款，缩短企业的平均收款期，减少应收账款的财务风险。在运用折扣手段时，企业要注意控制信用成本，因为折扣手段的运用会减少企业的销售净收入，企业在制定折扣条件时应加以考虑。

（七）加强销售货款的催收

企业财务部门应定期对企业的应收账款进行账龄分析，编制账龄分析表，在表中把企业所有的应收账款按其是否在信用期内、超过信用期的天数等进行分类，根据客户欠款的时间长短，采取相应的催收措施。如对超过信用期较短的客户，可先不催款。而对超过信用期较长的客户，应发函催收；对超过信用期很长的客户，企业应上门催收，必要时可依靠诉讼方式进行，以控制应收账款风险，减少坏账损失。

四、存货产生的风险预控

为了控制由存货所产生的风险，企业可进行存货的决策，存货决策的立足点，在于既要保证生产或销售顺利进行，又能使存货所耗费的总成本达到最低水平。存货成本由以下几个部分组成。

（一）采购成本

采购成本是指由买价和运杂费构成，其总额取决于采购数量和单位成本。

（二）订货成本

订货成本是指为订购材料、商品而发生的成本，包括采购人员的工资、采购部门的一般经费和采购业务费。每次订货所发生的费用称为订货费率。

（三）储存成本

储存成本指物资从入库到出库整个时期内所发生的成本。

（四）缺货成本

缺货成本是指库存数量不能及时供应生产和销售的需要而给企业造成的经济损失。为了控制因存货而给企业带来的风险，企业可计算最佳订货次数和最佳订货周期以控制存货风险。

（五）最佳订货次数（N）

最佳订货次数的计算公式如下。

$$最佳订货次数（N）=\sqrt{\frac{年需要×材料单价×储存成本}{2×每次订货成本}}$$

（六）最佳订货量（Q）

$$最佳订货量（Q）=\sqrt{\frac{2×年需要×材料单价×每次订货成本×储存成本}{储存成本}}$$

以上只是理论上计算的最佳订货批量。在实际应用时，订货批量往往受企业外部条件的限制，如供货单位规定的最低订货量或运输量的限制等。为了提高存货的经济效益，除了随时掌握外部条件的变化趋势，制定应变措施外，还要根据外部条件的变化情况及时进行预测分析，及时调整订货方案，确定经济合理而又切实可行的订货批量。

第六节　收益分配风险的预警和预控

收益分配是企业一次财务循环的最后一个环节，它是指企业实现的财务成果（即利润）对投资者的分配。

一、收益分配的风险

收益分配的风险是指由于收益分配可能给企业今后的生产活动产生不利影响。这种不利影响有些是显而易见的（偿债能力的降低），有些是潜在的（企业声誉下降）。在企业效益有保证、资金周转正常、调度适当的情况下，合理的收益分配会提高企业的声誉，调动投资者的积极性、带来股票价格的上扬给企业今后的融资活动打下良好的基础。但是，收益分配也有风险，这种风险主要表现在两个层次（即初次分配和再分配）中。在初次分配中，可能会出现两种情况：一种是过少确认当期收益，而多结转成本和费用，从而虚减了当期的利润，影响到企业的声誉，使企业发生经营上的困难，导致财务风险；另一种是多确认当期收益，少结转当期成本和费用，从而虚增当期利润使企业提前纳税、分红，造成大量资金流出企业，为以后遭遇财务风险埋下祸根。在再分配中，大幅度地提高职工的工资和奖金、给投资者分配过多的利润，使企业承担过高的生产经营成本和资金成本，并由此而无法保证预计的经营期限内的持续经营，而引发财务风险。因此，企业无论是否进行收益分配，也不论在什么时间、以什么方式进行都具有一定的风险性，企业要在衡量的基础上进行决策。

二、收益分配风险的预控

收益分配风险控制的主观随意性较强，并没有一个客观的控制依据和标准。一般来说，收益分配无论在什么时间、什么形式、什么标准进行都总是既有积极的一面，又有消极的一面。而既要使投资者满意，又要控制资金成本，事实上是比较困难的。企业进行收益分配风险控制就是要从两难困境作出选择，找出它们最好的结合点，尽可能发挥其积极因素，消除其不利因素。

1.利润分配原则

在投资项目的有效期间内的各会计年度中进行会计核算和利润分配时，要依据会计核算制度和财务管理制度的有关规定，按照预期财务受益的要求，合理制定会计核算方法和利润分配方法，从而降低收益分配中可能产生的财务风险。在制定利润分配方法时，应注意以下原则。

①在确定收益分配额度时，首先必须考虑通货膨胀因素的影响，有计划地建立价格变动补偿基金，保证收益分配不至于影响企业简单再生产的完成。

②在正常情况下，企业一般每年应进行一次收益分配，向投资者支付红利和股息，给投资者看得见的实惠。

③在提高收益的基础上，争取使投资者每年的收益率呈递增趋势。

④收益分配的额度，在正常情况下，下限是银行存款利息率，上限是企业资金利润率，而投资收益率一般既不得低于银行存款利息率，也不得高于企业资金利润率。

2.股利分配政策

对上市公司而言，在进行股利分配时，公司可选择以下几种方案。

①固定股利支付率政策。固定股利支付率政策是公司确定一个股利占盈余的比例，长期按此比率支付股利的政策。在这一股利政策下，各年股利额随公司经营的业绩而上下波

动获得较多盈余的年份股利额高；获得盈余少的年份股利额低。

②固定或持续增长的股利政策。这一股利政策，是将每年发放的股利固定在一个固定的水平上并在较长的时期内不变，只有当公司确认未来的盈余将会显著地、不可逆转地增长时，才提高年度的股利发放额。

③低正常股利加额外股利政策。低正常股利加额外股利政策是公司一般情况下每年支付一个固定地、数额较低的股利；在盈余较多的年份，再根据实际情况向股东发放额外股利，但额外股利并不固定化，即意味着公司不是永久地提高了规定的股利率。

④剩余股利政策。在公司有着良好的投资机会时，根据一定的目标资本结构（最佳资本结构），测算出投资所需的权益资本，先从盈余中留用，然后将剩余的盈余作为股利予以分配。

以上各种股利政策各有所长，公司在分配股利时应借鉴其基本决策思想，制定最适合具体实际情况的股利政策。从收益分配风险控制的角度来看，公司赢利稳定时，应发放较高股利否则只能发放低股利，这时股利政策可以减少因盈余下降而造成无法支付股价急剧下降的风险；还可将更多的盈余转为投资，以提高股东权益在资本中的比例，减少财务风险。有良好投资机会的公司、成长性公司也可采用低股利政策降低财务风险。此外，在严重通货膨胀的情况下，企业也可实行低股利政策，以便能筹集足够的资金，降低风险。具有较强举债能力的公司，因为能够及时地筹措到所需资金，可以采取较宽松的股利政策；而举债能力弱的公司则不得不多滞留盈余，因而往往采取较紧的股利政策。具有较高债务需要偿还的公司，若决定直接用经营积累偿还债务，公司也会减少股利的支付。坚决制止企业以多发放股利的形式"蒙骗"股东，吸引投资等短期行为，防止最终给企业带来不应有的损失。

参考文献

[1]王攀娜，熊磊.企业财务管理[M].重庆：重庆大学出版社，2022.

[2]王莹，李蕊，温毓敏.企业财务管理与现代人力资源服务[M].长春：吉林出版集团股份有限公司，2022.

[3]王燕会，狄雅婵.互联网环境下的企业财务管理研究[M].长春：吉林人民出版社，2022.

[4]寇改红，于新茹.现代企业财务管理与创新发展研究[M].长春：吉林人民出版社，2022.

[5]王利萍，吉国梁，陈宁.数字化财务管理与企业运营[M].长春：吉林人民出版社，2022.

[6]李婉丽，雷永欣，闫莉.企业管理会计与财务管理现代化发展[M].北京：中国商务出版社，2022.

[7]陈鹰，周静.财务管理思想史[M].北京：企业管理出版社，2022.

[8]张惠忠，李郁明.财务管理学[M].沈阳：东北财经大学出版社，2022.

[9]张少峰.企业财务共享服务标准应用指南[M].北京：中国经济出版社，2022.

[10]蔡昭映，方小慧.财务成本管理理论与案例：给未来商务精英的12堂财务课[M].沈阳：东北财经大学出版社，2022.

[11]裘益政，柴斌锋.财务管理案例[M].4版.沈阳：东北财经大学出版社，2022.

[12]肖琼.老板财税管控财务管理100问[M].北京：中国商业出版社，2022.

[13]鲍秀芝，王进，杜磊.财务管理与审计统计分析研究[M].长春：吉林科学技术出版社，2022.

[14]唐莉，臧黎霞，孙雪梅.财务共享构建与管理实践[M].长春：吉林人民出版社，2022.

[15]滕文惠，侯玉荣.财务数据处理技术：基于PowerBuilder [M].1版.上海：立信会计出版社，2022.

[16]韩震.21世纪高等院校工商管理专业规划教材国际企业管理[M].4版.沈阳：东北财经大学出版社，2022.

[17]彭亮.从管理会计到财务报表管理者不可不知的财务知识[M].北京：中国铁道出版社，2022.

[18]伍忠贤.零基础快速看懂财务报表[M].广州：广东经济出版社，2022.

[19]朱正华，郭耀纯，王俊杰.一本书读懂企业管理与运营[M].北京：中华工商联合出版社，2022.

[20]章卫东.会计学系列信毅教材大系企业财务分析[M].2版.上海：复旦大学出版社，2022.

[21]马泽方.企业所得税实务与风险防控[M].4版.北京：中国市场出版社，2022.

[22]刘清，赵丽君，陈险峰.旅游企业财务管理[M].北京：北京理工大学出版社，2021.

[23]齐景华，童雨.建筑企业财务管理[M].北京：3版.北京理工大学出版社，2021.

[24]张玮.现代建筑企业财务管理[M].长春：吉林人民出版社，2021.

[25]叶怡雄.企业财务管理创新实践[M].北京：九州出版社，2021.

[26]刘智成，王苹，王晓斌.城市轨道交通企业财务管理理论与实务[M].北京：中国经济出版社，2021.

[27]胡椰青，田亚会，马悦.企业财务管理能力培养与集团财务管控研究[M].长春：吉林文史出版社，2021.

[28]杨启浩，张菊，李彩静.现代企业财务管理与管理会计的融合发展[M].长春：吉林科学技术出版社，2021.

[29]苏剑.我国电子商务企业财务管理模式形成机理研究[M].长春：吉林人民出版社，2021.

[30]王利敏.大数据时代背景下企业财务管理变革[M].北京：中国商业出版社，2021.

[31]景静.财务会计与企业管理研究[M].北京：北京工业大学出版社，2021.

[32]成静.中小企业财务会计准则解析与管理实务[M].西安：西北工业大学出版社，2021.

[33]邹娅玲，肖梅崚.财务管理[M].重庆：重庆大学出版社，2021.

[34]朱学义，朱林，黄燕.财务管理学[M].北京：北京理工大学出版社，2021.

[35]庄小欧.企业财务分析[M].北京：北京理工大学出版社，2021.